エリヤフ・ゴールドラット

何が、会社の目的《ザ・ゴール》を妨げるのか

日本企業が捨ててしまった大事なもの

ラミ・ゴールドラット／岸良裕司▶監修
ダイヤモンド社▶編

ダイヤモンド社

はじめに

日本を愛してやまなかった父の危惧

ゴールドラット・コンサルティングCEO　ラミ・ゴールドラット

多くの人に〝Ｅｌｉ〟（エリ）の愛称で知られ、また、私にとっては父でもあるエリヤフ・ゴールドラットは、日本の組織に対する賞賛の念を決して隠すことはありませんでした。父が開発したＴＯＣ（Theory of Constraints＝制約理論）を実践してきた多くの人たちから父は、なぜ日本で*The Goal*の邦訳出版を許可しないのかと、長年にわたって訊ねられていました。父の回答は意外なものでした。それは、日本人はすぐにＴＯＣを受け入れる、と父が確信していたからこそであり、そのために日本への紹介を遅らせたのです。そんな父の考えを思い上がりと思われた人も少なからずいたかもしれません。しかし、それが私の父なのです。父は、常に自分の信念に基づいて行動していました。かつて父が「日本にＴＯＣを広めるのは時期尚早だ。すぐに受け入れられるのはわかっている。だから、まずＴＯＣを実践しようとする人たちをサポートできる体制と対応をしっかりと準備しておかなければいけない」と語っていたのを思い出します。その時、私は、なぜ、そこまでＴＯＣと日本がしっくりくると信じているのか、と父に訊ねました。父はしばらく沈黙し、パイプをくわえて一服してから「どちらも調和《ハーモニー》の柱の上に成り立っている。日本語では『WA（和）』と呼んでいる」と言いました。さらにもう一服してから「根本的なコンフリクト（対立）を避けようのない現実、つまり妥協（あるいは『最適化』）の世界に生きることは当たり前と見なす人々の傾向に挑んだとしても、欧米の組織とは異なり日本では、そう大きな抵抗を受けることはないだろう」と述べていました。

しかし数年前、そんな父の態度が変わりました。日本企業がますます欧米の経営哲学、カルチャーに染まっていくことに対し、父は極めて大きな危惧を抱いていたのです。自らが座している枝を切り落とすようなもので、長年にわたって日本企業にとって最大の強みであった長所を投げ捨てるようなもの、と父の目には映っていたのです。欧米のマネジメント手法には、システム内に存在する複雑性、不確実性、コンフリクトに対するアプローチに、三つの大きな歪みがあります。

1、「複雑性に対するアプローチにおいては、システム全体を多くのサブ・システムに分割し、それらがあたかも独立したユニットであるかのように個々のパフォーマンスの最大化を目指している」——しかし、これは組織全体に有害な部分最適を広めることになります。

2、「不確実性に対するアプローチでは、詳細な予測を立て、これに依存している」――つまり予測が、あたかも現実のことであるかのようにとらえ、その詳細な数値に「忠実に」従おうとすることで歪みが広まっていくのです。

3、「コンフリクトに対するアプローチでは、相対する二つの両極端な状況について妥協を求めている」――システム全体にどっちつかずの状態が広まることでパフォーマンスは迷走し、マネジャーは常に「火消し」作業に追われることになるのです。

制約理論は、こうした歪みを正すために父が開発した理論です。TOCのアプリケーションや手法では、まずシステム内の本質的なフローとこれを司る数少ない真の制約に集中し、さらにはバッファを管理し、継続的改善のフィードバックループを加速させ、そして直面するコンフリクトの原因となっている前提を明らかにすることでウィン－ウィンのソリューションをつくり出していくのです。

先にご紹介したように、父は「和」を重んじる日本の経営を高く評価していました。そうした父の考え方を一冊にまとめた本書に対し敬意を表するとともに、二〇〇九年に父が書いた手紙の中から、その一部を初めてここに公開させていただきます。この手紙は、世界でも最大規模を誇るエンジニアリング企業のトップマネジメント宛に書かれたもので、その内容は「いかに不調和の源泉を探し出し取り除くか」をテーマとしています。この手紙を読む際には、ぜひ、ご自身の組織を思い浮かべ、不調和の源泉を調和の推進力に変えるには何をすべきか考えていただきたいと思います。

親愛なる友たちへ

貴社への提案の概要を簡単にまとめさせていただくと約束しておりましたので、その提案を送らせていただきます。

マネジャーであれば誰でも、特に大きなエンジニアリング企業のトップマネジャーともなれば、社員たちの、あるいは社員間のモチベーション、イニシアティブ、協調、協力体制、コミュニケーションを高めることがどのような効果をもたらすのかはよく承知しているはずです。実は、企業にとってこうした〝ソフト〟面は最も難しい部分で、企業の能力を決定する最も重要な要素でもあるのです。しかし残念なことに、こうした部分については対人的な努力によって対応しているのがほとんどです。例えば、モチベーションについて考えてみましょう。人のモチベーションを高めるには、その人と話すしかないと考えているならば、モチベーション不足の原因は、その人自身の中にあると考えているということにはならないでしょうか。

しかし自分の経験から、モチベーション（あるいは、コミュニケーションや協調など）不足の根本的な原因は、不調和の源泉があるからにほかならないと私は確信しています。例えば、コンフリクト（対立）の存在です。コンフリクトにさらされて、モチベーションが上がる人などいません。クリティカルチェーンを用いると、プロジェクトにまつわる三つのコンフリクト(注1)を取り除くことができます。そのためCCPM（クリティカルチェーン・プロジェクトマネジメント）を実施すると、パフォーマンスが向上するだけでなく、社員のモチベーションや協力体制も大きく改善するのです。CCPMについては、日本で最も人気のある著作からの引用をぜひ参照してください。(注2)残念なことですが、企業にはその他にもたくさんのコンフリクトが存在しているだけではなく、（同様に影響力の大きな）不調和の源泉が存在しているのです。

不調和の源泉

1、「多くの人々は、自分が行なっていることが、組織にとってどのように必要なのかわからない（明確に言葉に表すことができない）」――自分がそのような立場だったら、モチベーションが湧くでしょうか。

2、「ほとんどの人たちは、自分の同僚たちの行なっていることが、組織にとってどのように必要なのか、あるいは少なくともどのように貢献しているのかわかっていない」――自分がそのような立場だったら、あなたは同僚に協力したいと思うでしょうか。

3、「人は、コンフリクトの中で仕事をしている」

4、「多くの人たちは、すでにその理由がもはや存在していないようなタスクでも相変わらずいままでと同じように果たすよう求められている。人にはそれをおかしいと感じ取る十分な直感が備わっているが、それは上司を説得できるほど必ずしも強いものでもない」

5、「責任と権限の間の隔たり」――多くのマネジャーと同様、仕事を果たす責任は自分に課されているのに、そのために必要な行動を起こす権限は自分に与えられていないことがどれだけ苛立たしいか誰もが経験があることでしょう。

こうした不調和の源泉を（たとえ部分的にでも）取り除き、よい経験を得られたならば、前述の源泉を系統的に取り除くことで、望むべきカルチャーの変化を必然的に得られることは容易に理解してもらえることでしょう。大きな改善が見込まれるのは明白です。さらには、こうした努力によって既存の主要評価指標（在庫）を修正しようとする取り組みを促進、加速することができ、また適切な手順(ＣＣＰＭ)を構築することができるようになるのです。

私には、こうした不調和の源泉を取り除くメカニズムを構築、実行する知識があると思います。

エリ・ゴールドラット

注

1 クリティカルチェーンによって取り除かれる三つのコンフリクト
・不確実性を抱えた見積もりが約束納期になってしまう
・プレッシャーにより、優先順位が決められてしまう
・行なった努力の度合いで、プロジェクトの進捗が測られる

2 数か月の間に何億円もの利益増加を達成した事例はたくさんあるが、お金を儲けたこと自体を成功とは見なしていない場合も多い。多くの読者からは、「儲けたのは確かにうれしいが、それよりうれしいのは、人材が育成されたことだ。社内に広がるチームワーク、やりがい・はりあい。こんな会社に私はしたかったんだ！」（『マネジメント改革の工程表』岸良裕司著、中経出版）といったコメントも寄せられている。

エリヤフ・ゴールドラット

何が、会社の目的《ザ・ゴール》を妨げるのか

目次

Part 1

言行編

第1章

INTERVIEW

なぜ、私は『ザ・ゴール』の邦訳を許可しなかったのか

2001

『ザ・ゴール』の著者であるゴールドラット博士は、なぜ長らく日本語版の出版を認めようとしなかったのか。日本の経営手法、また日本企業をどう評価しているのか。オランダ・アムステルダムのオフィスで話を聞いた。

――『ザ・ゴール』が米国で出版された後、長年、日本語版の出版を許可されなかったのはなぜでしょうか。

私が説くTOCの理論を実際に行動に移せば、企業業績は大きく飛躍する。確実に、です。一〇年前、もし、日本の企業経営者たちが私の理論を学んだとしたら、日本の貿易黒字は二倍に拡大するだろうと予測しました。そうなれば、欧米経済のみならず日本経済も大打撃を被ることになる。そんな懸念があって、許可しなかったのです。

――ところが、ここにきて日本語版の出版にOKサインを出された。

欧米企業と日本企業とのギャップがなくなったと判断したからです。

私は元来、日本の企業経営に大きな尊敬の念を抱いています。いまも、欧米企業に対し、優位に立っていると思っています。日本の経営者は欧米の経営者に比べ、オープンなかたちで意思決定し、一度、決定するや迅速に行動に移すことができます。欧米企業では終わりのない議論を延々と続けることがよくあります。

しかしながら、私の恐怖心がなくなったのは、ジャスト・イン・タイム（ＪＩＴ）、総合的品質管理（ＴＱＭ）といった日本の経営手法が、すでに欧米の多くの企業で導入されたからです。ギャップがなくなったのは一九九五年前後のことでしょう。

――その間、ＴＯＣが米国企業の競争力強化に貢献した、と言われます。

そうだと言いたいのですが、実は違います。

一時期、米国の半導体業界は存亡の危機にありました。そんな半導体産業を救ったのは、ＴＯＣであると私は確信を持って申し上げられます。例えば、テキサス・インスツルメンツはＴＯＣを適用して二年間で、ウエハー工場三つ分の生産性改善を果たしました。インテル、モトローラでもＴＯＣが導入されています。

彼らは、いまようやくＴＯＣをエンジニアリングの問題解決に応用しはじめた段階です。物流やマーケティング分野に導入しているところは一社もありません。もしも、こうした分野にまでＴＯＣを導入していれば、世界を席巻していたはずです。

――日本のＪＩＴへの評価は？

高く評価しています。画期的コンセプトで企業に多大な影響を与えました。

ＪＩＴは部分最適を追求するものと一部で考えられていますが、そもそも、実は部分最適が全体最適にとってはマイナスになり得ることを理解していました。そうした概念がなかった時代に、全体最適に着眼したというのは、まさに天才的です。

ＪＩＴにおいては、かんばんを持っていない作業者は何をしているのでしょう。かんばんがない限り、働いてはいけないのです。

一人ひとりの作業者に高品質の製品を作らせることが最重要なのではなく、生産工程の下流で起きている状況によって、何もしないことが最善の方策となり得る、つまり部分最適を犠牲にすることが、全体最適のためには必要である、ということを提示したわけです。

ただし、私はＪＩＴの手順が十分だとは思っていません。すでにＪＩＴを導入したことがある工場に、私の理論、手順を導入すると、さらに倍数的な改善効果が現れます。

ＴＯＣが傘のようにＪＩＴやＴＱＭを包み込むようなかたちで存在する、と考えてください。

だからといって、トヨタ生産方式の生みの親である大野耐一さんへの尊敬の念が揺らぐことは、決してありません。私は、大野さんやデミング博士のような天才ではありません。私は新発見したわけではなく、物理学など自然科学の手法を人間組織に適用しようと閃いただけなのです。

経営学の常識を覆す、自然科学に基づいたTOC

――TOCは物理学のアプローチを基にしているわけですね。

物理学のアプローチについて説明しましょう。心理学、マネジメントのような社会科学と、自然科学の考え方は、まったく異なります。

その違いは、二つの言葉の定義と、その背景にある信念の違いにはっきり表れます。一つは「複雑性」です。

社会科学の定義においては、ある事象なりシステムの複雑さは、それを説明するためのデータ量で決まります。システムを記述するのに、三行ですむなら単純、四〇〇ページを要するなら複雑だということになります。

自然科学の定義では、データ要素が多い少ないは関係ありません。「自由度が高ければ高いほど、システムは複雑」ということになります。

この考え方は、自然科学が前提としているある信念を基礎にしています。「現実には、複雑なシステムは存在しない」という信念です。これは、社会科学においては極めて、受け入れがたいものでしょう。

現実に四つの好ましくない現象があったとしましょう。社会科学では、その四つすべてを改善しようとします。自然科学は違います。四つでは複雑すぎるのです。その四つは、実は全体的な現象の部分的な現れではないか、と考えるのです。

原因を変えないで、結果を変えることはできるでしょうか。いえ、できません。だから、それぞれの要素を改善するよりも、原因と結果の因果関係を追究して、根本原因を見出そう、とするのです。

『ザ・ゴール』の（原書の）冒頭から二〇〇ページくらいまでは、私は解決策についてまったく触れていません。このことを説明しているのです。

――複雑性に続く、二つ目の言葉は何ですか。

「問題」です。問題とは何でしょうか。社会科学では「望ましくない現象」を言います。一方、自然科学では問題とは「コンフリクト（対立）」です。たとえ根本原因を突きとめたとしても、問題をまだ理解したことにはなりません。

目的を達成するために、必要条件が二つあったとします。それぞれの前提条件が相対立し、その対立が根本原因を招くと考えます。

社会科学では、コンフリクトが起きると妥協の道を探そうとします。自然科学では妥協はしません。そもそも自然科学は「現実にはコンフリクトは存在しない」を信念としているからです。対立が起きるとすれば、それは私たちが現実に対して、間違った前提条件を考えているからだ、と考えるのです。それを改めれば、対立は解消することになります。

――いまや自信を喪失している日本企業にアドバイスを。

いままで日本企業は、生産面で優位に立っていました。その間「機会の窓」が開いていました。しかし、窓は永遠に開いているわけではありません。競合が真似をし、場合によっては追い越されます。すると、機会の窓は閉じてしまうのです。

ならばどうすべきでしょうか。次の窓を探せばいいわけです。しかしながら、日本企業は探そうとしませんでした。

では、何が新しい窓になり得るのでしょうか。技術や物流面で、日欧米企業の競争力はほぼ同じです。ただし、マーケティング能力の欠如は共通しています。目をつけるべきはここです。

自然科学のアプローチを生産現場に適用した結果は『ザ・ゴール』に書いたとおりですが、

このアプローチはマーケティングやサプライチェーンにも応用できます。

日本企業にはＴＯＣを導入し、成果を得るためのインフラがあります。すでにＪＩＴやＴＱＭを導入している企業は、ＴＯＣを導入する作業の五〇％は終えていることになるのです。日本企業は、成果をより迅速に手にすることが可能なのです。それこそが、私の危惧だったのですから。

■初出：著者インタビュー『日本企業にはすでにＴＯＣ導入のインフラがある』
（週刊ダイヤモンド2001年9月15日号・改題・加筆訂正）

第2章

INTERVIEW

効率を正しく追求すれば、むしろリストラの必要はなくなる

2001

日本とTOCの出会い

『ザ・ゴール』が、日本でベストセラーになっていることを光栄に思っています。発行して半年で、三五万部というのは驚くべき数字です。

それもあってか、一七年間も日本での翻訳出版を認めなかったのはなぜか、いまになって許可したのはなぜか、と訊ねられることが増えました。方針を変えたのではなく、状況が変わったのです。

一九八四年に『ザ・ゴール』を米国で出版した時、米国は不況にあえいでおり、日本は世界を席巻する勢いでした。そんな日本に「制約理論」（ＴＯＣ）を教えたら、世界経済がもっとおかしくなると思ったのです。

ですが、いまや日本は当時の米国と同じ状況にあります。経済は不況に沈み、企業はリストラに熱心なように見えます。ＴＯＣが日本の産業に貢献すべき時がきたと判断し、翻訳を認めたのです。

ただし、一つ危惧していることがあります。それは、ＴＯＣがカバーする領域は広いのに、日本で最初に出版され、しかもベストセラーになったのが、工場の生産管理を扱った『ザ・

ゴール』だったことで、ＴＯＣが単なる生産効率化の論理だと誤解されかねないことです。今日、ほとんどの業界で、問題は生産・製造にではなく市場にあります。どの会社も、作れないからではなく、売れないから悩んでいるのです。それなのに、ＴＯＣが生産分野だけに導入されたら、工場労働者を中心にリストラがさらに横行しかねません。産業に貢献するどころか、人々の生活を破壊することにでもなったら、それは私の願いと正反対のことになります。

リストラは人間の尊厳を損なう

私はかつて、『Inc.』誌で国内成長率第六位にランキングされたハイテク企業の経営者でした。当然、ビジネスの原則を受け入れています。そんな私が、なぜリストラを深く憂慮するのか、その理由を説明しましょう。

私はイスラエル人です。国民の義務として一八歳から三年間兵役に就き、その後も、四二歳までは毎年、最低三〇日間の兵役に就きました。業績好調な米国企業のトップだった私は、毎年その時期がくると、飛行機のファーストクラスでイスラエルに帰り、軍隊で二等兵としての扱いを受けたのです。

そんなコントラストが、人間という存在について深く考えるよう私を促しました。ある年、レイオフされて一年以上職を見つけられないでいる男と同じ兵舎に入りました。厳しい環境で寝起きをともにしながら、私は、どれだけ失業が人を不安に陥れ、プライドを奪う、おぞましい体験かということを理解しました。それ以来、私は感情的と言ってもいいほどレイオフやリストラを憎むようになったのです。

無責任な怠け者ならレイオフされてもかまいません。仕事をきちんとこなしている誠実な従業員が、トップマネジメントの能力不足ゆえに解雇されることが問題なのです。

リストラの背後にある効率至上主義を問題にする声がありますが、私に言わせれば、効率を正しく追求すれば、むしろリストラの必要はなくなるのです。マネジメントが追求すべき優先順位を間違えるから、リストラに頼らざるを得ない状況に陥ってしまうのです。

私は、終身雇用制は日本企業の競争力の源泉の一つだと考えています。残念ながら、日本企業はこの美徳を放棄しつつあります。従業員に忠誠を尽くさない企業が、従業員からの忠誠を期待することはできません。従業員の忠誠を得られない企業は顧客からも忠誠を得ることはできず、遅かれ早かれ、市場から淘汰されてしまうでしょう。

ＴＯＣの世界の広がり

私は『ザ・ゴール』で、企業の目的は「現在から将来にわたって、お金を儲けることである」という命題を掲げ、その目的を達成するための合理的な思考プロセスを、生産管理の世界を舞台に説明を試みました。

それ以来、ＴＯＣの世界は進化しています。『ザ・ゴール』に続いて日本で出版される『ザ・ゴール２――思考プロセス』（原題 *It's Not Luck*）では、「現在から将来にわたって、お金を儲ける」に加え、「現在から将来にわたって、市場を満足させる」、「現在から将来にわたって、従業員に対して安心で満足できる環境を与える」という二つを、企業が満たすべき必要条件として掲げました。そして、二束三文で売り払われかけている会社を舞台に、この三つを同時に成立させるための合理的な思考プロセスを説明しました。

この三つを同時に成り立たせなければ企業の永続的繁栄はありません。しかし、三つはトレード・オフの関係になることがあります。このコンフリクト（対立）をどう解消するか？『ザ・ゴール２――思考プロセス』はその問題を真正面から扱った本です。

ＴＯＣは、いまではあらゆる分野でソリューションを提示できるようになっています。生産、流通、ロジスティクス、エンジニアリング、マーケティング、営業・販売、会計、人事……ＴＯＣがカバーする領域はとても広いのです。実際、さまざまな業界、さまざまな企業、さまざまな分野で導入され、目覚ましい成果を上げています。

『ザ・ゴール２——思考プロセス』の主人公は、『ザ・ゴール』と同じくアレックス・ロゴです。彼が駆使するＴＯＣの思考プロセスがどのようなもので、その結末がどうなるかは、二〇〇二年二月に出版される本を読んでいただければ幸いです。（談）

初出：『リストラなき業績回復のための思考プロセス』
（経2002年1月号・改題・加筆訂正）

第3章

INTERVIEW

繁栄し続ける企業には「調和」がある

2008

世界各国でベストセラーとなったビジネス小説『ザ・ゴール』の著者は、トヨタ生産方式の生みの親である大野耐一氏にかつて直接教えを受け、組織における全体最適の理論として知られるTOC（Theory of Constraints＝制約理論）をつくり上げた。今秋（二〇〇八年秋）にはシリーズ五作目となる新作が出版される。ゴールドラット博士に近況などを聞いた。

――博士の著作『ザ・ゴール』シリーズの日本語版がダイヤモンド社から四冊出ていますけれども、それらの発行部数が総計で一〇〇万部を超えました。この結果には満足していますか。

私は科学者です。サイエンティストなので、常にアンビバレント（二律背反）なものを持っておりまして。

ただ、いまのご指摘については満足しています。それが次のステップの土台となるわけです。ですから、次のステップというのはさらに大きいものであるというふうに私は思っています。達成感がより大きければ、次はもっと大きな建物を造るということになると思うんですね。

――なぜ、こんなに多くの読者の支持が得られたのでしょう。

人はあらゆるものを理解したいという気持ちを持っていると思うんです。何かを構造的に理解するということに関して、非常に興味を持っている。それに対して、もし説明が間違っていると、人はそれを無視するようになる。しかしそれをきちっと説明できているということであれば、人は非常に喜んで聞いてくれます。

説明というものは、それを聞く人があまりにも自然だと思えて、しかも常識だと思えるほど明らかなものでなくてはいけない。常識だと思っていたものがもともとは常識じゃなかったとしても、その説明は常識だと思えるレベルにまで到達しなければならないと思っています。

どんな複雑なものでも、その難しいところをいったん単純化して、それが本来持っているシンプリシティというものを解き明かして説明する。そこには美しさがありますし、人はそれについての美しさとか単純さを賞賛するということです。

——博士は『ザ・ゴール』でTOCという考え方を提示されました。TOCとは組織における全体最適のマネジメント理論であり、SCM（サプライチェーンマネジメント）の背景理論の一つでもある。日本においてTOCは、かなり定着してきたというふうに見ていいのですか。

私の友人がこの数か月間活動したことによって、実は私が想像していたよりもはるかに多くの方に、TOCというものが望まれていることがわかってきました。

特に任天堂とか、ソニーとか、イオングループとかのトップマネジメントが示す関心というのは極めて驚くべきもので、それが実際にアクションにつながるかどうかはともかくとして、まったく私の想像をはるかに超えるようなものでした。

日本の企業は大切なものを捨てている

日本の文化においては、「和」とか「調和《ハーモニー》」というものは当たり前のものだけれども、TOCにおいてはそのハーモニーがコアの概念であると考えた時、TOCが日本の経営風土に非常にマッチしているということに関しては何ら不思議のないことだと思っています。

――一方でグローバリゼーションの進展に伴って、終身雇用や年功序列という日本的経営の中核が崩れてきて、その代わりに能力主義とか成果主義というものが浸透しつつある。その結果、労働現場では著しいコミュニケーション不足を引き起こしています。

それは非常に正しい問題点、極めて大きな問題点について指摘されていると思います。西洋文化から学べることはたくさんあると思うんですけれども、いま、学んでいることは学ぶべきではないんじゃないでしょうか。

日本の企業経営は優れたハーモニーというのを重要視していて、しかも終身雇用など大切なものを持っている。ところが、日本企業は近年、残念ながらその最もすばらしいところを捨てている。逆に私は、（コンサルタントとして）そのすばらしいものをウエスタンカンパニーに植え付けようとしています。

多くのマネジメント、幹部の方々、経営者たちは、従業員の協力なくして成果を達成できるとは思っていないわけです。経営者と従業員のコラボレーションというのは本来、ロイヤルティ（忠誠心）があって初めて成立するものだと思うんですが、多くの方々が理解していないのは、実はロイヤルティというものは一方通行ではなく、両方通行であるということなんです。

それを得るためには自分も与えなくちゃいけない。期待するんだったら、自分も与えなきゃいけないんだということなんです。

従業員に対して終身雇用を約束するということは、実はロイヤルティというものを言葉にして表したものであると思うんです。ということは、それを捨てるということは、ロイヤルティそのものも台無しにしていると考えられるんです。

――新作*Inherent Simplicity*（本来、ものごとは単純である）[注1]は、今年（二〇〇八年）九月に米国で、一〇月には日本でも小社から『ザ・チョイス』と題して刊行される予定です。

これまでの私の本と同様に、私が次の本でより強く表現したいことは、組織というのはある部署だけを改善してもよくならないということ。すべてのものをハーモナイズさせて、調和させて改善していく必要があるということです。

最初の『ザ・ゴール』という本は生産・製造をテーマにして、工場において非常に複雑だと思われるものを非常に単純に解き明かして説明しました。『ザ・ゴール2』ではマーケティングについて、これは製造よりもはるかに複雑だと言われているものについて分析したわけです。さらに『クリティカルチェーン』という本では、一つひとつが特別なものであって、同じものは二つとないということについて議論したわけです。

繁栄し続ける企業には「調和」がある

新しい本では、二つの重要なことを議論したというふうに考えています。

一つは組織について、です。工場などとは比較にならないほど複雑なものを扱っている。そしてそのあまりにも複雑だと思われている組織が、実は多くの方が動揺を起こすほどにシンプルであるということを示したかった。それが私の大きなチャレンジでした。

もう一つは個人について、です。もともとすべての方々が自分の人生というものは最も複雑であると考えていると思うんですね。それに対して、自分自身の人生がもしかしたら極めてシンプルなのではないかということを示したかったわけです。

――邦訳の一部を拝見しました。「現実は驚くほどシンプルなのに、人はそれを極めて複雑なものとしてとらえてしまう。それがいちばん大きな障害なんだ」というフレーズが印象的でした。

最初の本で、私はニュートンについて少し語りました。自然界は非常にシンプルである、と。私が今度の本で訴えたかったのは、自然界だけでなく、人の世界でも、つまり人々が互いに関係する世界でも同じようにシンプルであるということ。そして、そのことを解き明かしたかったのです。

ですから、個人の人生、そして組織という極端な二つのものを扱うがために、私はこの本に関してはすべてのことを事実に基づいて書きました。

例えば、本の中に登場する心理学者のエフラットというのは、実在する私の娘の名前で、そして彼女は実際に心理学者で、それもドクターです。ゴールドラット・コンサルティング会社のクライアントである「ビッグブランド」という名の大手アパレルメーカーも、実在する会社をモデルにしたものです。すべてが真実で、すべてのものは実際に起こったことを書いています。

――『ザ・ゴール』はいわゆる小説仕立てで、読み進んでいくうちにTOCの原理がわかるような仕組みになっていました。新しい作品については何か仕掛けがあるのですか。

この本を書いたのは、次の六つのことを証明するためです。

一つ目は、人間はもともと善良であるということ。二つ目は、すべてのコンフリクト（対立）というものは解消できるということ。三つ目は、すべての状況において最初はどんなに複雑に見えたとしても、それはびっくりするほどシンプルであるということ。四つ目は、どんな状況でも大きく改善することができるということ。五つ目は、すべての人は充実した人生を過ごせること。そして六つ目は、常にウィン－ウィンのソリューションがあるということです。

物語は、科学者である「私」と心理学者の娘の掛け合いで進んでいくのですが、今回は特に二つのTOCの重要な柱について、ストーリーの中に埋め込んでいます。

それは、ものごとはそもそもシンプルであるということ、インヘアラント（inherent）・シンプリシティ、それとピープル・アー・グッド、人はもともと善良であるという、この二つのことです。そして『ザ・ゴール』と同じように、すべてのことが実証されたものであるということです。

組織というものを議論するうえでは、エバーフローリシング（Ever Flourishing）という考え方が重要です。永遠に繁栄し続ける企業には本質的にハーモニーとか、調和というものがあって、それをマーケットと同調させるというか、シンクロナイズすることによって、大きな価値をもたらすことができるということです。

同時に、自分の人生を充実させるためにどうすればいいか。フルライフというコンセプトですが、個人の生活というもの、人生というものも極めて重要であるということを議論し、示したかったわけです。

注

1 このインタビューの最中に、博士は、原書のタイトルを*Inherent Simplicity*から、邦題と同じく*The Choice*に変更することを決めた。

初出：編集長インタビュー『物理学者エリヤフ・ゴールドラット』
（週刊ダイヤモンド2008年7月26日号・改題・加筆訂正）

第4章

INTERVIEW

適者生存

少量かつ高頻度の受注に即時対応できる
リアルタイムの生産体制を構築せよ

2009

一九七〇年代後半、エリヤフ・ゴールドラット博士は「工場の生産性は、ボトルネック工程の能力以上には向上しない」という現象を実証し、「制約理論」（TOC：Theory of Constraints）を確立した。

その後も「思考プロセス」（Thinking Process）や「スループット会計」など、新たなコンセプトを編み出し、TOCを工場内の改善から、企業全体のパフォーマンスを最大化する経営革新手法へと発展させ、世界の名立たる企業を支援してきた。

ゴールドラット博士は近年、ますます不確実性を増す経営環境への挑戦として、自身の経営革新手法を広めるため精力的に世界を飛び回り、フォーラムを開き、また企業各社を訪問して経営者や生産現場の人々と議論を重ねている。

彼はその中で、今後の経済情勢を懸念するビジネスリーダーたちに、安易な人員削減やコストダウンといった縮み志向に走れば、これまでの優位を損ない、回復期にはライバルの後塵を拝することになるだろうと警告している。また、時代の要請に応えた組織と事業、そしてマインドセットへと改革するチャンスであるとも訴える。

その根拠とは何か。いま、日本製造業に求められる行動とは何か。危機をチャンスに変えるにはどのような改革が必要か。「部分最適と全体最適」を同時に考えるゴールドラット博士ならではの意見に耳を傾けてみたい。

――昨二〇〇八年後半から始まった景気後退は、一〇〇年に一度の危機などと言われていますが、あなたの認識はちょっと違っているようですね。

リーマンショック以降、電機や自動車業界は、生産の調整と在庫の圧縮を急速に進めています。日本である日、二〇〇八年一〇－一二月期の在庫投資（在庫残高の変化）が前年同期比で減少に転じたという新聞報道を目にしました。その記事では、これら一連の行動は、問題を先送りしたことで長期的な停滞を招いた一九九〇年代のバブル崩壊時とは打って変わってすばやい対応であると、日本企業の姿勢を評価していました。しかし私は、このような認識や対策には賛同しかねます。

一〇〇年に一度の深刻な危機という見方が支配的な現状について、それは比較的規模の小さい落ち込みにすぎず、しかるべき対策を講じれば、またとない成長のチャンスになり得ると、私は一貫して主張しています。

このような主張に、みなさん、驚かれるでしょうし、にわかには信じられないかもしれません。しかし、注意深く現実の数字を見てみれば、真実が見えてくるはずです。

むしろ私は、マスコミはともかく、経済学者や投資家のみならず、最も実践的な経験値の高い大企業の経営者たちが現状を読み違えているという状況をいぶかしく思うばかりです。

まず、景気後退あるいは経済危機といった言葉そのものが、現実を正しく反映していません。なぜなら、需要は後退も停滞もしていないのですから(注1)。

とはいえ、二〇〇八年後半以降、電機や自動車に限らず、多くの製造業で、売上げの急激な落ち込みに見舞われていることも事実です。ですが、これが一〇〇年に一度の危機と言えるのでしょうか。また、大規模なレイオフを実施しなければ乗り切れないほどの不況なのでしょうか。

では、なぜ製造業の売上げが急速に落ち込んだのでしょうか。それは、小売業者が危機への恐怖から店頭在庫を早めに整理しようと、短期間に大幅な在庫圧縮を始めたことに端を発する負の連鎖の結果と言えます。

何しろ、マスコミが連日「景気の悪い話」ばかり報じているせいで、誰も彼もが危機感を募らせ、とりわけリスクに敏感な小売業者は緊急措置として、いっせいに在庫削減に向かいました。小売業者にすれば、売れない商品を並べていては、儲けどころか、損をしてしまいます。

今回のように、投資銀行のほとんどすべてが破綻し、シティバンクをはじめメガ・バンクがこぞって傾き、信用不安が高まり、大規模な雇用調整があちこちで実施されると聞かされれば、本能的に在庫を減らすという予防措置を講じるのは無理もないでしょう。

こうして多くの小売業者が少しでも在庫を減らそうと、一二月には値下げして売上げを確保し、その一方で注文を減らしたり、手控えたりしました。各製品メーカーが受注の減少に直面しているのはこのためです。

そこで完成品メーカーも、在庫水準を引き下げる緊急対応に出ました。その対応が、さらに部品メーカーの売上げに打撃を与え、さらには原材料業者へと波及し、製造業全体で雪だるま式に落ち込みが拡大していったのです。

在庫投資は、ＧＤＰ（国内総生産）に占める割合がたかだか一％前後と非常に小さいにもかかわらず、景気循環と密接な関係にあり、特に景気後退期においては、在庫投資の変動とＧＤＰの変動の間にかなり高い相関関係があると言われています。

この傾向は、日本に限らず、多くの国々で観測されていますが、その舞台裏で本当は何が起こっているのか、今回の世界的な景気後退に関しても、その実態をよくよく分析し、判断を誤ってはいけないと、私は考えています。

確かに、自動車や不動産など、消費者が借り入れによって購入する財については、既存の金融システムがマヒし、簡単に融資を受けられなくなった現在では、売上げが急落しても不思議ではありません。我々は現在、目立つがゆえに、このような商品の動向を拠りどころにして、他の産業についても勝手に予測してしまっているのです。

私の予測するところでは、小売業が発注を増やしはじめるのは、彼らが余剰在庫を吐き出し、そろそろ安全であろうと判断した時でしょうから、一般的な小売業者の在庫を三〜四か月とすると、そろそろ発注を増やしはじめることでしょう。とはいえ、極めて慎重に、少量ずつ頻繁に発注するでしょう。しかし早晩、サプライチェーン内の受発注は、再び実需と一致してくるのではないでしょうか。

私がもし大企業のCEOであれば、消費全般に陰りが見えないにもかかわらず、目の前の厳しい現実に過敏に反応して生産能力を縮小し、苦境をやり過ごすために多くの従業員を解雇するといった経営判断は決してしないでしょうね。残念ながら、ほとんどの企業がパニック状態のまま、行動しているようです。

このことが示唆しているのは、生産能力が回復するまで、小売業者は商品を獲得するために苦労し、製品メーカーは部品を獲得するために苦労するであろうということです。裏返せば、理性を持って攻めの方策を打ち出せる企業には、市場シェアの拡大という可能性があるとも言えるでしょう。

――現在の縮み志向は、考えられるさまざまなシナリオの中から最悪のものを選択したという経営判断であるとも言えるのではないでしょうか。

確かに、そのように判断した経営者が少なくありません。現に、二月末に訪れたインドの自動車メーカーのトップが、まさにそのような経営判断を下そうとしていました。インドでは、二〇〇八年秋以降も自動車の販売台数にまったく落ち込みはないそうです。にもかかわらず、彼は最悪のシナリオに備えて減産しようと考えていると言っていました。

しかし、本当にやるべきことはまったく逆のことです。なぜなら、先ほど申し上げたように、世界経済はこれから拡大する方向に向かうのですから、むしろ増産に備えなければならないのです。

私がいま最も注目している数字は、中国とインドの平均賃金の伸びです。平均賃金は購買力であり、消費に直接つながるからです（次ページの図「中国における一人当たりＧＤＰと平均賃金の成長」を参照）。

中国では、一九八〇年から三〇年近くにわたって、一人当たりＧＤＰ成長率が年七～一四％の間で推移しています。同じく購買力も大きく成長してきたわけですが、九〇年頃から平均賃金は一人当たりＧＤＰ（八〇年を一〇〇とした実質成長指数ベース）より急勾配で伸びはじめ、その後二〇年間、この傾向が続いています。

従来の経済学では、購買力と一人当たりGDPは同じように伸びていくと考えられていますが、中国における購買力の伸びの高さは、いまや一人当たりGDPのそれを大きく引き離しています。言い換えれば、中国はいまや、世界の消費市場として非常に重要な国であるということです。事実、二〇〇八年のデータでは、ドイツよりもその重要性を増しています。

インドも同様です。二〇〇〇年以降、一人当たりGDPが年七％で伸びており、この二年間では、平均賃金の伸びが一人当たりGDP（成長指数ベース）のそれを凌駕しています。

これらの数字を踏まえれば、先のインドの自動車メーカーのトップは、減産どころか、

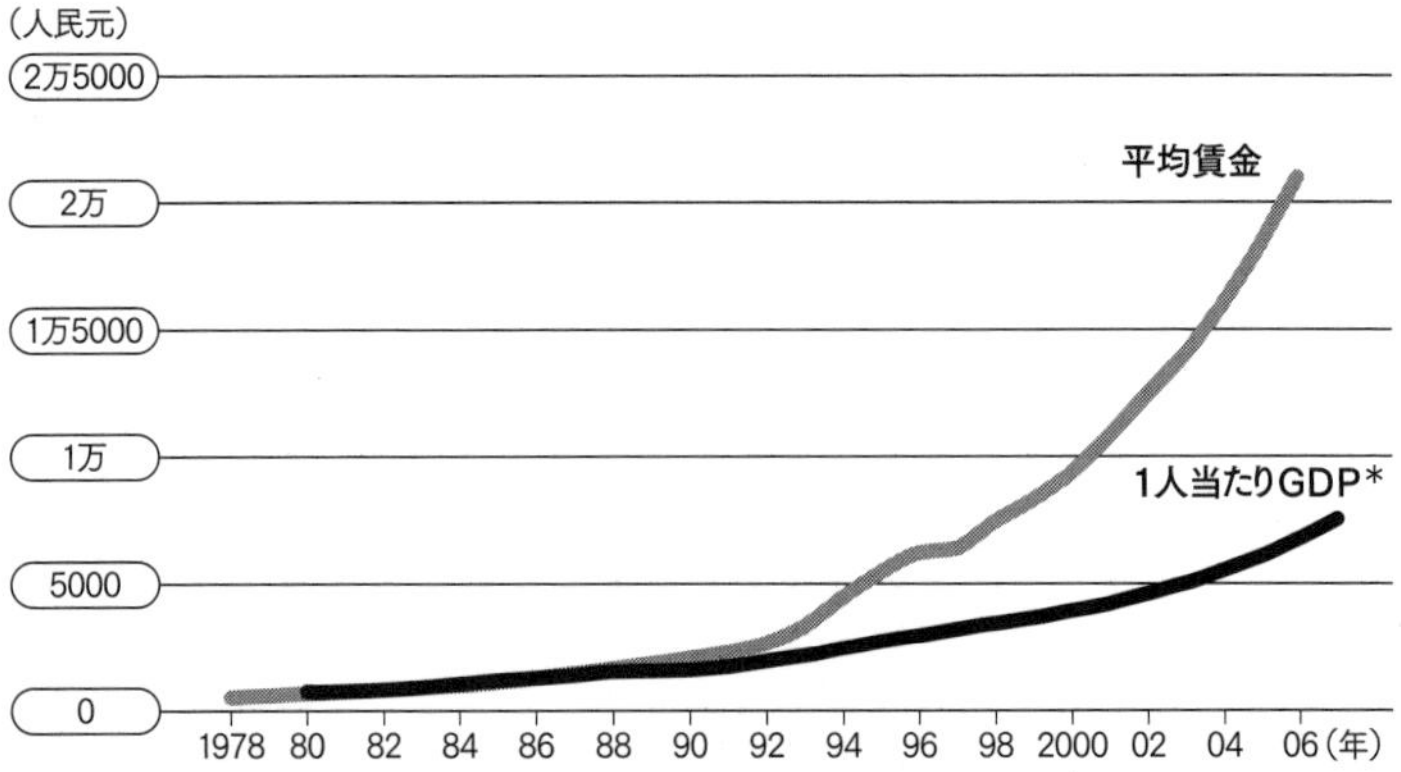

図◉——中国における1人当たりGDPと平均賃金の成長

＊1980年を100とした実質成長指数ベース
出典：中国統計年鑑2007年版（中国国家統計局）、IMF（国際通貨基金）

今後の大幅な増産への布石を打っておかなければならないはずです。私だったら、そうします。

中国とインドの人口は、合わせて二四億人超と推定されています。これだけの人口を抱え、購買力の伸びが著しい二国の巨大市場は、今後の世界経済に大きな影響を及ぼすことは明らかです。もちろん先進国の企業も、この巨大市場へのアプローチに、いまからしっかりとギアを合わせておかなければいけません。

少量かつ高頻度の受注に即時対応できるリアルタイムの生産体制を構築せよ

――一部の経営者は内心、内部構造を改革するチャンスと見ているかもしれません。九〇年代後半、バブルが崩壊した時、資産ポートフォリオの見直しのほか、ホワイトカラーの低い生産性と高固定費体質という課題が浮き彫りになりました。いろいろな手が打たれましたが、結局はおざなりに終わり、賃金上昇の抑え込み、派遣労働者の大量起用、アウトソーシングやオフショアリングに頼ることになりました。そのかいあって、戦後最長の好景気が実現したわけですが、これらの弥縫《びほう》策にも限界が訪れたいま、「バーニング・プラットフォーム」として現在の不景気を利用して、抜

本的な企業改革に取り組もうと考える経営者もいるのではないでしょうか。

今回の経済危機、正しくは経済危機への恐怖心が、新しい何かをもたらすとすれば、それは、小売業が少量の注文を頻繁に繰り返すという傾向に拍車がかかることではないでしょうか。

私は、ささいなことに見えるこの現象が、大きな変化のきっかけになると踏んでいます。その結果、製造業に新しい生産モデルが創造されることを期待しています。そのために私は、いま世界中を回って、経営者や生産現場の人たちと議論を重ねているのです。

欧米のミドル市場およびハイエンド市場では、一〇年ほど前から、技術の進歩により、製品寿命がどんどん短くなっています。

例えば、パソコンの寿命は三〇年前には三〇か月でしたが、現在は四か月にまで短縮しています。この傾向はハイテク製品ほど顕著で、サプライチェーンのリードタイムよりも、発売後の商品寿命のほうが短くなるという状況が多くの製品で起こっています。ところが、このことが何を意味し、どのような課題を突きつけているのか、正しく認識されていません。

商品の短命化は、真っ先に小売業者に打撃を与えますから、完成品メーカーに対して、例えばこれまで以上にリベートを要求したり、売れ残った商品の引き取りを求めたりするようになりました。これが、製造業の利益が目減りしてきた大きな理由の一つです。

そこで製造業は、サプライチェーンの効率化やコスト削減に励んできましたが、これはいま求められているイノベーションではありません。

いま取り組まなければならないことは、より少量で、より頻度の高い注文に、即対応できるプロセスを開発することです。言い換えれば、大量生産・大量消費というパラダイムから抜け出し、かつての多品種少量生産を進化させ、高頻度注文に即時対応できる能力を確立しなければならないのです。

――多品種で少量、しかも高頻度の注文に即応えるには、やはり顧客をより深く知ることが求められるのでしょうか。

それは違います。顧客をよく知り、販売予測の精度をさらに高めることで、売れ残りや売り逃しを避けようという発想自体、すでに古いものです。

規模の経済を前提としている限り、小売業者も製造業も、どうしても予測に頼らざるを得ません。しかし、予測はあくまでも予測です。代替するものが限られている汎用品ですら、ままならないのですから、競争の激しい製品の場合、予測が裏切られることは不可避と言えるでしょう。

少量かつ高頻度で発注・生産できるようになれば、予測の呪縛から解放されることになります。リアルタイムで対応できるサプライチェーンが築かれれば、自ずと不確実性が低くなり、今回のような事態が生じても、慌てふためくことはなくなるはずです。ITが登場した時、まさにリアルタイム性が期待されたわけですが、生産現場にまで拡大・発展するには至りませんでした。

――すると製造業は、柔軟な適応力をいま以上に高めていかなければなりませんね。日本企業は、高い柔軟性と適応力を備えていたはずですが、知らぬ間に効率至上主義に陥り、特に最近では規範文化が組織にはびこっているようにさえ見受けられます。

おっしゃるとおり、柔軟性と適応力を兼ね備えた組織づくりが、あらゆる企業にとって、あらためて重要な課題になっています。

トヨタ生産方式（TPS）の生みの親、大野耐一氏が訴えたことは、多品種少量生産は、単に生産現場だけの問題ではなく、組織のマネジメントそのものを変えなければ実現しないということであり、これこそ最大の教訓にほかなりません。

TPSは、全体の流れをよくしてリードタイムを短縮することが目的であり、部分最適の追求は排除されなければならないという考え方に根差しています。したがって、個々の部門や組織がそれぞれに効率を追求するのではなく、組織の全体最適を考える必要があるのです。

そのためには、よりグローバルで、全体的《ホリスティック》な視点が不可欠です。

日本企業の場合、確かに生産分野の柔軟性はかなり高い水準にあると思います。しかし、それだけでは十分ではなく、営業や物流、さらには管理部門も含めた組織のすみずみまで、柔軟性と適応力を広げなければいけません。もちろん、「言うは易く、行うは難し」です。

多くの企業において、営業部門は部分最適を追求しがちです。すなわち、彼らの勲章は大口顧客を抱えていることや大口注文を取ってくることです。ですが、少量かつ高頻度の注文に即時対応するモデルを目指すには、このように「大きく考える《シンク・ビッグ》」というマインドセットを変えなければなりません。

ここでもう一度、先のインドの自動車メーカーの話に戻りますが、この会社では、三五車種を製造できる生産ラインを備えているにもかかわらず、ディーラーでは一〇車種しか扱っていません。

その理由は、コストの問題ではなく、マーケティング上、三五種もあると、ディーラーも顧客も混乱してしまうため、一〇車種くらいが適当であるという、根拠に乏しい発想からです。このようなメンタル・ブロックのせいで、せっかくの潜在能力が封じ込められています。

市場や顧客ニーズの変化に対応するだけのために、柔軟性と適応力が重要なのではありません。自分たちが目指すべき姿を実現するためにも、これらの能力は発揮されなければならないのです。適者生存とは、そういう意味なのです。

いま一度、大野耐一に学ぶ時

私は、日本企業について極めて楽観的に見ています。いろいろな日本企業を回り、たくさんの人たちと意見交換してきましたが、誰もがこの危機を乗り越えるために、すすんで変革していこうという姿勢にあふれていました。私にはそう感じられました。

同時に日本企業には、変革を成し遂げるうえで、その裏づけとなる経験が蓄積されています。ただし気になるのは、現在の日本企業では、現場の社員一人ひとりに備わっている経験や能力、感性が十分評価されず、組織の中に埋没しているように思います。そこが問題なのではないでしょうか。

日本の企業文化、あるいは日本企業の特徴は、新しい概念やアイデアを試行錯誤しながら、何度も何度も修正を加え、じっくりと時間をかけて組織に浸透させていくことではなかったでしょうか。その過程を通して、誰にでもわかるかたち、例えばシステムや手順、規範などに具体化され、共有されていく。そしてまた新たな改良や修正が始まり、漸進的に進化していく──。

このような点において、日本企業は他の国がとうてい及ばない組織能力を備えているはずです。世界中が手本としているTPSも、そのように進化を遂げてきたのではないでしょうか。

TPSを導入した当初の一九四〇年代後半から六〇年代前半までの間、目覚ましい成果にはつながらず、「忌まわしき大野方式」と揶揄されていたと、大野氏自身が述懐しています。そもそもTPSは、作りすぎを防ぐために「いつ生産すべきでないか」を指示するシステムであり、これを混流ラインに導入するには、流れをバランスさせる並々ならぬ努力が欠かせません。

ある製品からある製品へと頻繁に切り替えを繰り返さなければならず、当初は段取り替えの時間のほうが、生産に必要な時間より長くなり、当然のことながらリードタイムが大きく落ち込みました。そして、そんな現状への苛立ちと懐疑が、大野氏への抵抗となって表出しました。

しかし大野氏は、段取り替えの障害を克服する新たな道を自ら切り拓きました。そして、従来二、三時間かかっていた段取り替えの所要時間を、四〇年代には一時間以下に、五〇年代には一五分に、六〇年代には三分にまで減らすという、まさに信じられないような挑戦をやってのけたのです。

挑戦の過程において、組織も個人もどれほどの洞察を得たのか、その経験の蓄積の大きさを想像するだけで、トヨタ自動車の企業文化のものすごさに圧倒されます。そして、他の日本企業にも、トヨタと同じようなＤＮＡが宿っているのではないでしょうか。そのような限り、悲観的になる必要はありません。

そこで私は、現在の日本企業は、先人の知恵をさらに進化させることに、もっと意欲的になるべきではないかと思うのです。

他国の企業のみならず、実は多くの日本企業がＴＰＳを導入しようと試みていますが、そのほとんどがうまくいっていません。私が考えるに、その原因は、ＴＰＳに関する十分な知識が欠如していたからでも、真剣な努力を惜しんだからでもないでしょう。結論を申し上げれば、生産環境の違いが原因です。

先にも述べたように、大野氏がＴＰＳを開発した時、彼はそれを汎用な概念として考案したのではなく、彼はトヨタのための手法として開発しました。大野氏が開発したその強力な手法がそもそも異なる生産環境で機能しないのは、当然と言えば当然です。

だからと言って、このすばらしい先人の知恵を捨てるような真似をしてはなりません。まずＴＰＳの核心について正しく理解し、大野氏が取り組んだ環境と、現在の自分たちの環境との相違点をはっきりと認識する必要があります。そのうえで、大野氏がたどった足跡を吟味し、現在の新しい環境に即した手法を、同じように時間をかけてじっくりと開発していくのです。

――日本企業はいま、大野耐一氏の思想をあらためて学び直す必要がありそうですね。

そうです。大野氏が残したものづくりのＤＮＡを継承し、さらに進化させなければなりません。偉大な先人への敬意とは、その偉業を模倣することではなく、その本質を深く理解し、発展させることでしょう。

近代のものづくりは、二人の偉大な思想家によってその原型がつくられたと、私は考えています。それは、ヘンリー・フォードと大野耐一氏です。

フォードは、流れ作業を導入することにより大量生産のイノベーション革命を起こしました。一方、大野氏はフォードの考えを活用して、次のレベルであるＴＰＳへと昇華させ、すべての産業において、在庫を資産から債務へと、ものの見方を変化させました。

大野氏はもっと評価、尊敬されてしかるべきでしょう。しかしながら、大野氏が残した偉大な思想は、彼の母国である日本ですら、十分に生かされていません。

その理由を考えるにあたり、心に留めるべきは、いかに優れた手法であっても、適用する環境によって成果は異なる、言い換えれば、うまくいくかどうかは環境次第であるということとです。万能の手法など存在しないのです。

ＴＰＳの場合、「安定した環境」であるという前提が必要です。具体的には、第一に「製品寿命」の安定性、第二に「需要」の安定性、第三が「受注」の安定性です。トヨタは、いずれの安定性も比較的高かったのです。

言うまでもなく、自動車メーカーと環境が同じ業界はそう多くありません。例えば電機業界などは、多くの製品寿命が半年以下ですし、需要にしても受注にしても、多品種ですから、バラツキがあります。そしてほとんどの企業が、これらの不安定性のいずれかを抱えています。そして、その不安定さが顕著に表れているのが現在なのです。

いずれにしても、ＴＰＳは、生産の改善による影響が及ばない環境条件に注目することが重要なのです。大野氏の偉業に学ぶことは、ここから始まります。

――とすると、トヨタの工場を見学し、トヨタの人たちに話を聞くだけではダメだということですね。

一つお断りしておきますが、ＴＰＳが他の業界では通用しないと申し上げているわけではありません。むしろ逆です。

大野氏が、フォード・システムを超えた生産方式を編み出そうと研究を始めた時、フォード・システムはすでに、飲料や日用品など、異なる業界でも使われていました。当時、流れ作業は、一種類の製品を一定数生産する環境、すなわち単一大量生産のみに適用できる、またそうでなければ適用すべきではないと考えられていました。ですから、多種多様な製品が混流する生産環境に、フォード式の流れ作業を適用する可能性を考えた人など、誰もいなかったのです。しかし、唯一の例外が大野氏でした。

大野氏は、フォード・システムには普遍性が隠されていることに気づきました。適用される環境に制約を受けるものの、その本質が普遍であれば、そこを出発点として、トヨタの環境に相応しい手法を構想し、実現することは不可能ではないと確信したのです。こうしてTPSは生み出されました。

要するに、フォードと大野氏の偉業は、同じ概念から生まれたものなのです。大野氏はTPSによって、フォードが考案した概念が単一大量生産に限定されないことを、みごと実証しました。しかも混流ラインによって、これを進化させたのです。言うまでもなく、TPSの本質とTPSの手法を混同してはなりません。

- **フォード・システムの適用は、単一大量生産に限られる**
- **しかし、トヨタの生産環境は、少量で混流ラインである**

・フォード・システムの概念に基づいて、トヨタの生産環境に合った手法を開発する
・多品種少量生産の環境では、生産ラインの改善によって得られるものは、単一大量生産のそれよりも大きい

以上が、フォード・システムのＴＰＳへの進化の経緯とすれば、この大野氏の足跡を、新たな方法論の構築にそのまま役立てることができるはずです。すなわち、こうです。

・ＴＰＳの適用は比較的安定している環境に限られる
・しかし、現在多くの生産環境では不安定さに苦しんでいる
・ＴＰＳの概念に基づいて、不安定な環境でも効果を発揮する手法を開発する
・比較的不安定な環境では、生産ラインの改善によって得られるものは、安定的な環境のそれよりも大きい

私は、大野氏がいまも生きていたら、現在の不安定な環境に適した「ＴＰＳ進化版」をどのように構想したであろうかと、たえず自問しながら、さまざまな産業の流れの改善に取り組んでいます。先人の思想の本質を突き詰め、先人の緻密さと同じように現実を厳しく分析することで、必ずや新たな手法を導き出せると信じています。

私は物理学者です。ニュートンの有名な言葉に「私が遠くを見ることができたとしたら、それは単に私が巨人の肩に乗っていたからです」というものがありますが、ものづくりの世界でも巨人の肩に乗り、より遠くを見て先を読むことが、いま求められているのです。

注

1　ＩＭＦ（国際通貨基金）のデータによると世界経済の成長は鈍化しているものの、二〇〇八年で四％弱、二〇〇九年で二％を超える伸びを予測している。ちなみに大恐慌時代の一九三〇年では、一〇％近くのマイナス成長となっている。

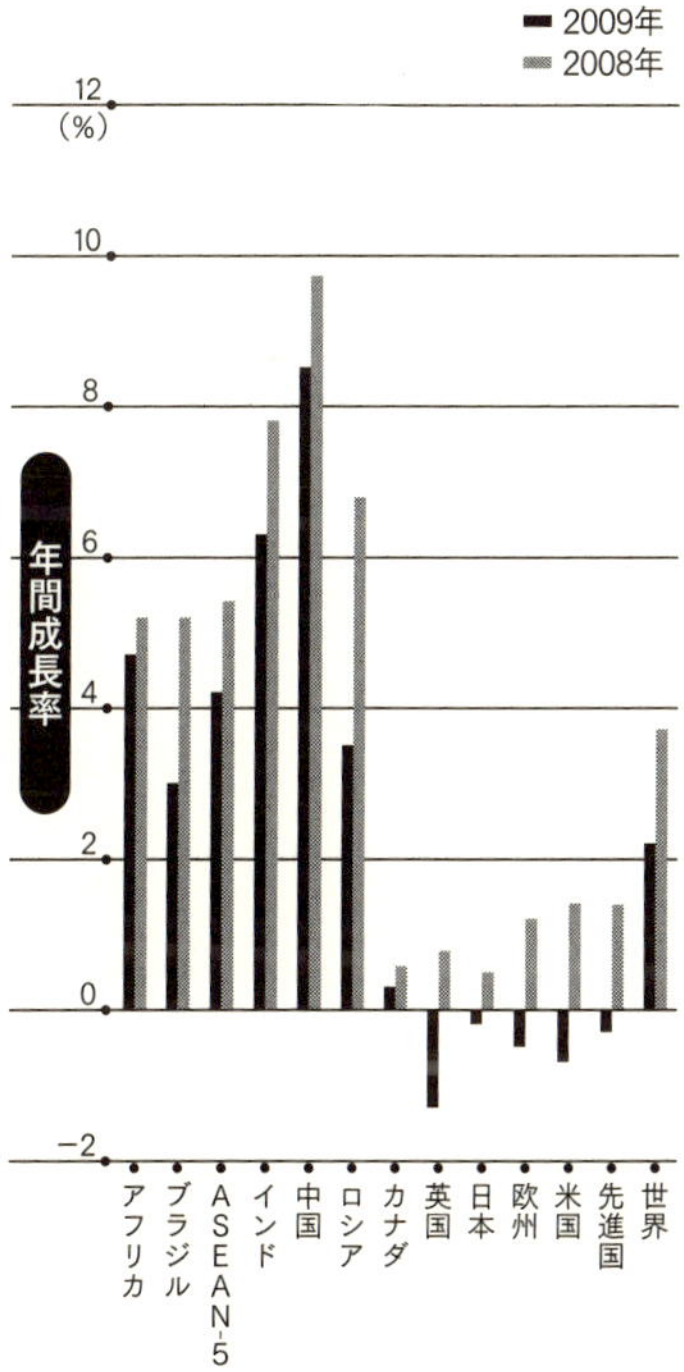

図◉――GDP成長見込み

出典：IMF

■初出：『いたずらに縮小均衡に走ってはならない　実需は後退していない』
（DIAMONDハーバード・ビジネス・レビュー2009年5月号・改題・加筆訂正）

第5章

直伝
ゴールドラット博士の
20の教え

岸良裕司

1 人のせいにしても問題は何も解決しない

どんなに一生懸命がんばっても、思ったような成果が出ないことがある。そんな時、私たちは「あの人が悪い」と、つい人のせいにしてしまう。確かに誰かのせいで、ものごとがうまく進まないということはある。

「人のせいにして、問題は解決するだろうか?」――ゴールドラット博士は、私たちにこう問いかけた。シンプルな問いかけだが、人のせいにしても問題は解決しないという、ごく当たり前のことに気づかされる。

博士は、自身にとって最も重要な著作は何かと質問されると、迷うことなく『ザ・チョイス』だと常に答えていた。

「『ザ・チョイス』は、私にとって他の著作よりもはるかに重要な作品だ。一〇〇年後、二〇〇年後も読まれることを想定し、最も力を注いだ作品だ。ビジネスにおいてはもちろん、個人としても、いかに充実した人生を送るかというテーマを扱った、私にとっていちばん大切な本である。『ザ・ゴール』のように多くの人に読まれるような類の本ではないが、長く読まれ続けることを願っている」

『ザ・チョイス』の出版を前に、長年親しく、信頼を寄せているダイヤモンド社の編集者に、TOC（制約理論）を一言で表現してほしいと依頼され、博士は下のような図を描き、それにサインを加えた。

Inherent simplicity——ものごとは、そもそもシンプルである。

People are good——人はもともと善良である。

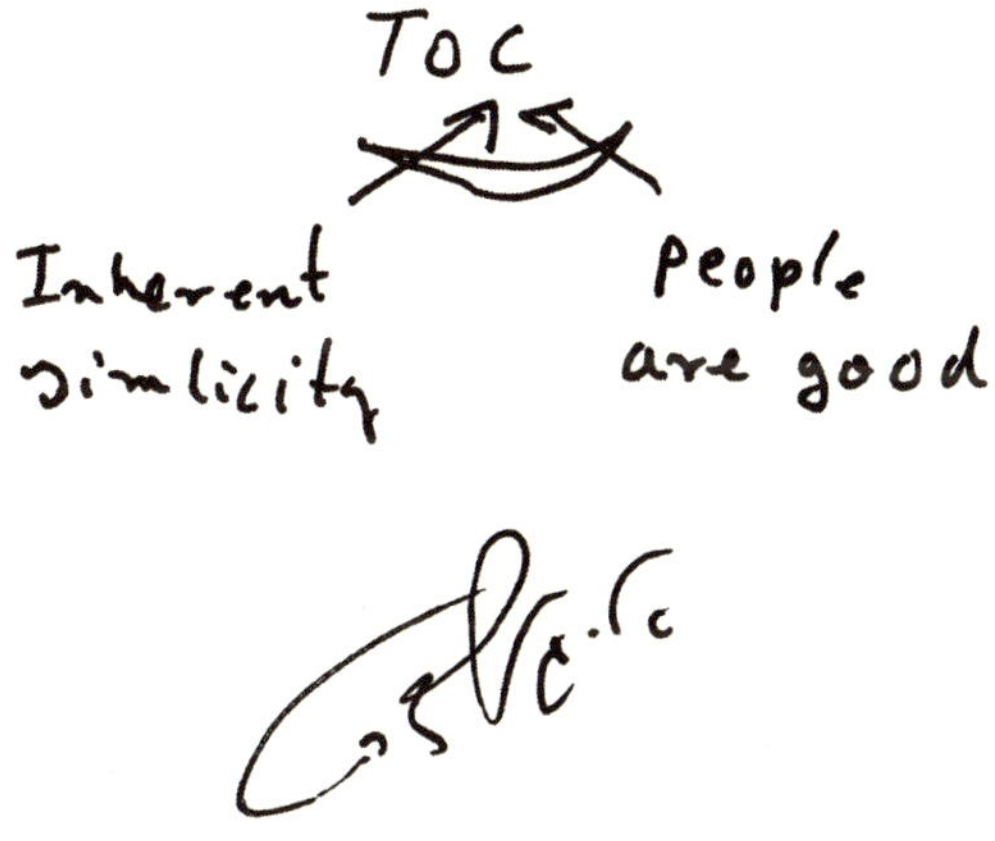

これらの二つの信念から、全体最適のマネジメント理論であるTOCが成り立っているという。

博士は物理学者である。Inherent simplicity——ものごとの本質を解き明かし、因果関係のつながりでシンプルに説明できる法則を見出そうとすることは、科学者として当然の姿勢かもしれない。一方で、もう一つのPeople are good——人はもともと善良であるという信念は、精神論のようで科学者には似つかわしくないように思える。しかし、人のせいにしても問題は解決せず、むしろ問題解決への障害を自らつくってしまうことになることを考えれば、なぜ博士がこの信念をベースに置いたのかは理解いただけるだろう。

博士は、自らをプラグマティスト（実用主義者）であると評した。問題解決を図りたいなら、「人はもともと善良である」という前提で、人のせいにするのではなく、何か他に原因があると考えるほうがはるかに実践的であると心から信じていたのだ。

2 仮定を常にチェックせよ

人のせいにするのがよくないのなら、では、何のせいにすればよいのだろうか。ゴールドラット博士は、ほとんどの問題の原因は、人々が持っている誤った仮定、つまり思い込みのせいであると説いた。

博士は、ものごとを科学の実験と同じように考えた。思ったような成果が出ないのなら、その前提に何らかの誤りがあると考えたのである。こうして「みんながそれぞれ一生懸命がんばれば、がんばった分だけ全体として成果が上がる」という前提に潜む思い込みを見つけ出し、生み出された理論がＴＯＣなのだ。

ここで、次の二つの質問を考えていただきたい。

1. あなたの仕事は、他の人や組織とつながって行なわれていますか？

2. それぞれの人や組織の能力は一緒ですか？　それともバラついていますか？

もしも、あなたの仕事が他の人や組織とつながって行なわれていて、また、それぞれの人や組織の能力にバラツキがあるなら、必然的につながりの中に相対的にいくつかの弱いところが存在することになる。

ＴＯＣは、それぞれの強度にバラツキのある輪がつながっているチェーン（鎖）によく喩えられる（下図参照）。その中でいちばん弱い輪こそが、チェーン全体の強度を決めている。ここが全体の「制約」となっているのである。当たり前のことだが、その「制約」に取り組み、強度を上げることがチェーン全

体の強度を上げることになる。一方で、「制約」以外、つまり非制約のそれぞれのチェーンの輪の強度をいかに上げようとも、このいちばん弱い輪の強度が上がらない限り全体としてのチェーンの強度は高まらない。

組織も同じである。「つながり」と「バラツキ」がある中で活動をしているのであれば、「みんながそれぞれ一生懸命がんばれば、がんばった分だけ全体として成果がもたらされる」と考えること自体に誤った思い込みがあるのだ。つまり、非制約の部分の改善努力をいくら行なっても、ほとんど全体としての成果に結びつかないことになる。

言い換えれば、全体の中のいちばん弱い制約に集中してみんなで助け合うほうが、全体としての成果をより早く、より確実にもたらすことになる。

「つながり」と「バラツキ」のある仕組みの中では、制約に集中することこそが全体最適の改善につながる。これが、全体最適のマネジメント理論ＴＯＣの核心である。

思ったような成果が出なかった時、人のせいにするのではなく、「人はもともと善良である」という前提で、何か誤った思い込みがないか探してみる。人は、現状をより悪くしようとしているわけではないはず。そこに何か誤った思い込みを見つけることができれば、ブレークスルーを生み出す機会となるだろう。

3
集中とは、やらないことを決めることである

「つながり」と「バラツキ」がある仕組みの中で、制約と非制約、どちらが多いだろうか。非制約の数のほうが圧倒的に多いのは明らかである。

組織のリソース、そして私たちに与えられた時間は限られている。その限りあるリソースと時間を非制約の改善努力に充てるのはいかにももったいない。圧倒的に多い非制約の改善に使われていた努力を制約部分に振り向けることができれば、組織全体にどういう成果をもたらすだろうか。

日々の生活の中、「やったほうがいい」と思えることは山ほどある。非制約の改善努力だって、やったほうがいいか、やらないほうがいいかと思えば、「やったほうがいい」と考えがちである。しかし、あれもこれもとやることで、貴重なリソースや時間が奪われて、肝心の制約に対する取り組みがおろそかになってしまう。

つまり、「やったほうがいいこと」をすることで、「やらなくてはいけないこと」への集中が欠けてしまうことになりかねないのだ。

限られたリソースと時間の中では、非制約に関する改善努力を行なわないと決めることが、制約に集中することを可能にし、それが組織全体に飛躍的な成果をもたらす。博士は次のように語っている。

「ＴＯＣの真髄を一言で言うなら、集中である。しかしその意味は、辞書に書かれている意味とはいささか異なる。やらないことを決めることこそが、ＴＯＣでいう集中である」

非制約部分をいくら改善しても、制約部分が改善されない限り、全体としての結果はもたらされない。だからこそ、「いまは非制約部分の改善努力をやらない」と決める。それが、全体最適のマネジメントへのパラダイムシフトのスタートとなる。

4 複雑だと思うのかい？　そりゃあ、いいチャンスだ！

「人はもともと善良である」と並んで、TOCのもう一つの重要な信念「ものごとは、そもそもシンプルである」についてここで考えてみたい。

次ページの図をご覧いただきたい。直感的にどちらが複雑に見えるだろうか？　一見すると、システムBのほうが複雑に見えるかもしれない。ここで、それぞれの要素の関連性に注目して図をもう一度、眺めてほしい。システムAは、四つの要素には何らつながりがなく、それぞれ独立していて、関連性が見えない。それに対し、システムBでは、いちばん下の要素から始まって、すべての要素がつながり合っている。このつながりに注目すると、すべての要素に関連性があり、システムBは全体としてシンプルに扱うことも可能になる。

一見、複雑に絡み合っているように見える問題でも、その中に、つながりが見つけられれば、ものごとはシンプルに見えてくる。そうなれば、しめたもの。因果関係を見て、最も効果的に根本の原因を解消するように取り組むことができる。根本の原因が解消すれば、ドミノ倒しのように、あとは他の望ましくない現象すべてが消えてなくなることになる。

『ザ・ゴール２』で紹介された「思考プロセス」は、複雑に見える事象の中でシンプルさを見出し、ブレークスルーの解決策を導き出す全体最適の問題解決手法である。

ゴールドラット博士は、次のように語っていた。

「私が実践してきたことのすべては、物質的な世界の中で、ハードサイエンス（自然科学）が使う手法を組織――つまり、人と人との関係で活用してきただけである」

ハードサイエンスの世界では、科学者たちは、一見、複雑に見える現象の中に法則性を見出して、さまざまなものごとをシンプルに

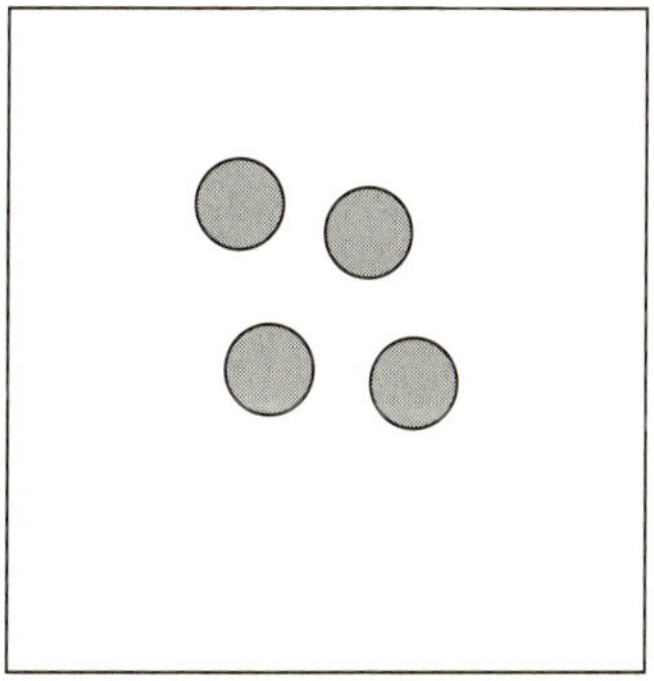

システムA

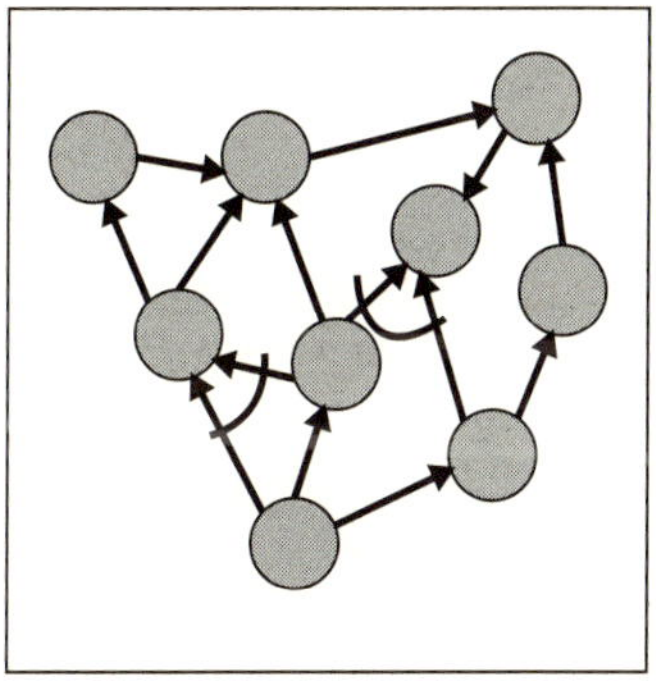

システムB

説明できるようにする。もしも、ものごとが複雑に見えているようなら、まだよくわかっていないと考える。

「複雑な説明というものは、無知であることをごまかしているだけのことが多い」と博士は指摘していた。

一見、複雑に見える人間社会の問題でも、科学者の心を持って、どんな複雑な状況の中にも必ず因果関係のつながりを使ってシンプルに説明できる法則を見出せるはずとの信念を持って考えていく。そして、それが見つけられれば、問題は解決へと飛躍的に進む。

「複雑だと思うのかい？　そりゃぁ、いいチャンスだ！」

博士は、複雑な問題を抱えて頭を痛めているという相談を受けると、決まってこのセリフをうれしそうに語っていた。

「多くの人の過ちは、うわべの望ましくない現象の数々に対処することである。うわべの現象にいくら対処しても、本当の原因が解消しない限り、望ましくない現象は解消されないことを理解すべきなのだ」

ものごとを複雑にとらえて、その場、その場の対処療法に明け暮れるか。それとも、「ものごとは、そもそもシンプルである」という信念を持って、一見複雑に見える状況の中にシンプルさを見出す努力をして対処していくのか――それは私たちの選択次第となる。

5

賢人は他の人の失敗からも学ぶ

「科学者の心を持ってさえいれば問題ない」も、ゴールドラット博士の口癖の一つだった。はたして科学者の心とは、何だろうか？　博士は、『ザ・チョイス』の中で、ある装置をつくるプロトタイプを設計する科学者の話を説明している。

何かを発明しようと、プロトタイプをつくったとしよう。最初のプロトタイプの段階からすべてうまくいくと思う人は、ほとんどいないだろう。最初は、何らかの不具合が見つかるはずである。その時、科学者ががっかりするだろうか？

科学者であれば、不具合を見つけたら、その原因を見つけようとするだろう。その原因を探し出し、解決することができれば、次のプロトタイプはより完成度の高いものになる。

思いどおりにうまくいかないことを、人は「失敗」と言う。しかし科学者は、そう考えない。それどころか、うまくいかなかった不具合をプロトタイプの完成度を高めるためのチャンスとしてとらえる。不具合の原因の解決策が見つかれば、次のプロトタイプの結果に期待してさらにワクワクするだろう。

一般の人が失敗と考えることを、むしろ学びを得られる絶好の機会ととらえ、ものごとを改善していく。これが科学者の姿勢ということになる。

「新しい試みがうまくいかない時、選択肢は二つある。一つは、結果に対して不平をブツブツもらすこと。もう一つは、何をどう修正しなければいけないのか、その結果から新たな知識を獲得することだ」

（『ザ・チョイス』10ページより）

どちらを選択するかは、私たち次第。

「愚か者は自分の失敗に学ばない。才人は自分の失敗に学ぶ。しかし、賢人は他の人の失敗からも学ぶ」——これも博士が好んで口にしていた言葉である。

6 原因と結果で考えよ

思いがけない状況に直面した時に、どう解決していったらよいだろうか。ここでも、科学者が一般に使う方法がとても役に立つ。それは、原因と結果による分析である。結果が出たからには、それを引き起こした何らかの原因が必ずあるはず、と考えて探っていく。

リーマンショック後、受注が半減した工場の操業停止、大規模なリストラが連日のように報道された。世間が混乱する最中、事態を憂慮したゴールドラット博士は論文を書いた。それが『週刊ダイヤモンド』二〇〇九年三月一四日号に寄稿した「人員削減は愚策。景気の谷は深くない――「原因と結果の力」はどう働くか」(“Power of Cause and Effect”)である。

この論文で、博士は、リーマンショックの実態を原因と結果の分析でシンプルに解き明かし、リーマンショック後の混乱の多くの原因は、先行き不透明な状況を懸念した流通業、製造業の在庫調整によるものであると指摘した。

先行き不透明な時、小売業は一般的に在庫調整を行なう。いま現在抱えている在庫でなんとかやりくりをして、商品を極力メーカーから仕入れないようにする。小売業がメーカーからモノを買わなければ、メーカーへの需要は減る。需要が減ってメーカーがモノを作らないなら、部品の需要が減る。需要が減って部品を作らないなら、材料・素材の需要が減る。この連鎖が起きていることを指摘した。

一方で、小売業の店舗の売上げを見ると、売上げが半減するような状況は起きていなかった。ならば、答えは明らかである。博士は小売業の在庫が捌《さば》ける数か月後には受注は回復すると予測したのだ。

この論文を読んで、リストラを思いとどまった企業は、世界中に少なくない。これらの

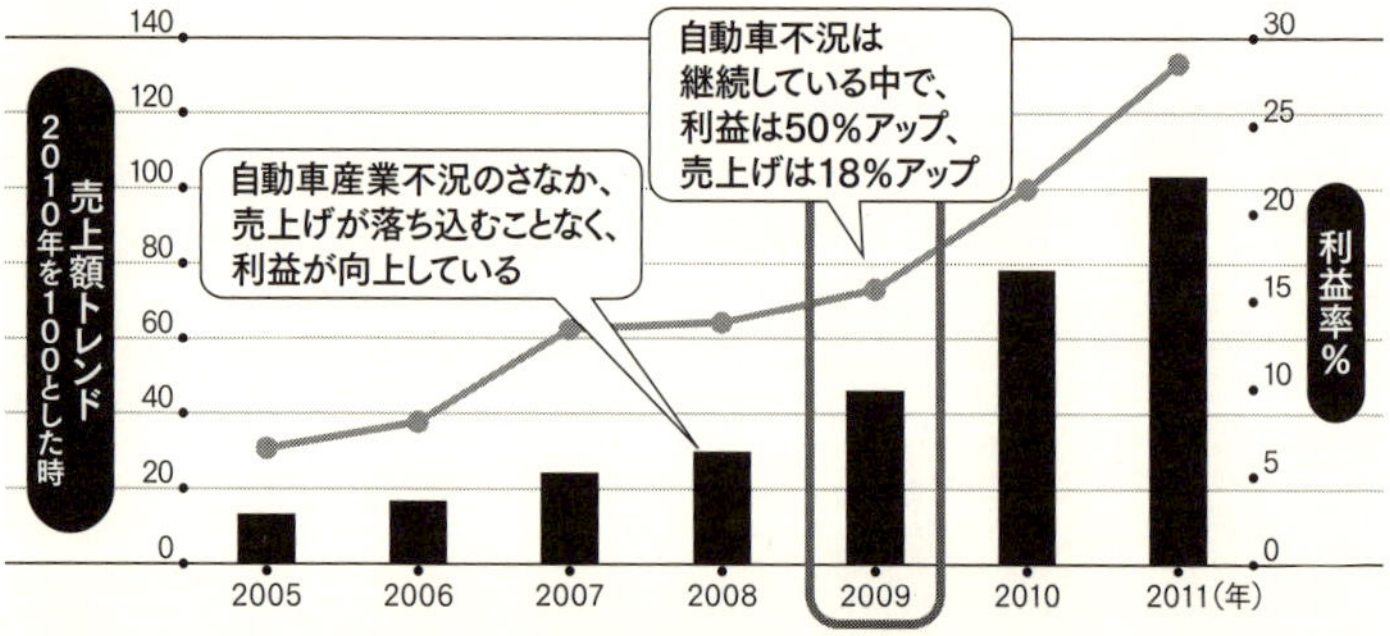

図◉――リーマンショックの最中でも業績を伸ばし続けた自動車部品メーカーの事例

自動車産業は、リーマンショックで、最も深刻な影響を被った業界と言われているが、その不況のさなかでもリストラをすることなく、また、ゴールドラット博士が提唱した「少量かつ高頻度の受注に即時対応できるリアルタイムの生産体制」を構築したこのメーカーは、成長し続けた。このような数多くの事例がTOCの国際大会で、リーマンショック後に発表された。

企業は、他のリストラを行なった競合企業に比較し、需要の急激な回復に対応できた。「おかげで、業績を早期に回復できたどころか、大幅にシェアをアップできた」というお礼が世界各地から博士のもとに多数寄せられた。もちろん、世界中の多くの人々の雇用を守ったのは言うまでもない。

結果にぶつぶつ文句を言っていても問題は解決しない。そんな時間があったら、冷静になって、原因を見つけることに努力したほうがよいのは明らかである。それが問題解決への扉を開くのだ。

7 自分の直感をクリアーに言葉にして説明できない限り、あなたが発しているのは自分の混乱だけである

世の中、直感に優れ、目覚ましい成果を出している人は少なくない。私たちは、そうした人たちの功績を新聞や雑誌、本、講演などから学ぶこともできる。また、運がよければ、直接関われることさえある。そうした人たちに一生懸命に学んで、自分もそのようになれたらと願う。そうした人たちも「私にもできたのだから、あなただってできるはずだ」と言う。しかし、実際にそうなれるのは、本当に難しいし、どうすればよいのかわからず、かえって困惑してしまうこともある。

直感とは、広辞苑によれば「説明や証明を経ないで、ものごとの真相を心でただちに感じ知ること」とある。つまり、直感でやっていることは、どうすればよいのか、なぜうまくいくのかの説明や証明に欠けている状態であると言えよう。そうした状態では、同じような目覚ましい成果を出すことは難しいと感じるのも無理はない。

さて、「知る」ことと、「やれる」こと。どちらが難しいだろうか?

「知る」ことよりも、その知ったことを「やれる」ようになるほうが難しいのは明らかだ。

では、「やれる」ことと、「やれるように教える」こと。どちらが難しいだろうか？
「やれる」ようになった人でも、それを他の人に「やれるように教える」ことは本当に難しいことに気づく。自分でできることを人に教えることの難しさをわかってもらうために、ゴールドラット博士はよく次の質問をしていた。
「靴紐を結ぶことができるかい？ じゃあ、その結び方を口で説明してみてくれるかい？」

博士は、極めて強い直感の持ち主であった。途方もない発想から導き出される解決策は、最初のうち周囲には理解されず、途方に暮れさせてしまうことも少なくなかった。そんな時、博士はパイプをふかしながら心を落ち着かせ、じっくりと一つひとつ丁寧に原因と結果をたどりながら説明を試みた。時には、論理の飛躍があることに自ら気づく。周囲と話しながら、それを埋めていくことで解決策はわかりやすいものになり、さらに目覚ましい成果が出せるような知識体系に進化していった。

「自分の直感をクリアーに言葉にして説明できない限り、あなたが発しているのは自分の混乱だけである」――この言葉は、自身への戒めの言葉でもあったのではないかと、私は推察している。

8 常識はそれほどありふれているものではない

「つながり」と「バラツキ」のある仕組みの中では、制約に集中することが全体最適へとつながる。ＴＯＣが主張するこの理論は、そんなの常識だろうと片づけられることも少なくない。そんな世の中の言葉に対して、「常識はそれほどありふれたものではない」とゴールドラット博士は語っていた。

いったん発見されてしまえば、誰にでもわかる常識だが、「常識」を見つけることは、本当は極めて困難である。博士は、そのことをノーベル賞に喩えた。

「たった数ページの論文で構わない。だが、世界中の物理学者がその論文を読んで、『しまった！　なんで、いままで気がつかなかったんだろう！』と叫ぶ。それができれば、ノーベル賞。常識を発見するのは、それほど簡単なことではない。ものごとの論理的なつながりを明らかにして、誰にでもわかるように説明されるようになった時に、人が口にする最も高いレベルの称賛の言葉が『常識』だと私は考えている」

常識を見つけ出すことは、簡単ではない。そして見つけることができた常識で、世の中の現象をより幅広く説明できればできるほど、その常識は力を持つものとなる。

人が常識と言えるものを見出すことを妨げているものとは何だろうか。博士は、人が現実を複雑なものとして考えてしまった時に、それが障害となって、その奥底にあるシンプルな本質を見つけることができなくなると説く。自然科学では、一見、複雑な現象に見えるものでも、必ずその奥底にシンプルな本質があると考える。こうした科学者の心を持つことが大切なのだと主張する。

TOC（Theory of Constraints）には、Theory（理論）という言葉が用いられている。博士はなぜ「理論」という言葉を使ったのだろうか。「理論」という言葉を広辞苑で調べると、「科学において個々の事実や認識を統一的に説明し、予測することのできる普遍性を持つ体系的知識」とある。

『ザ・ゴール』に書かれていることを実践しただけで目覚ましい成果を出した事例は、世界中さまざまな組織で枚挙にいとまがない。そうした事例の数々は、まさに制約理論によって統一的に説明され、結果は実施前から予測され、現場で実証されたものである。博士は、自然科学における理論と同じ位置づけで、制約理論と名づけたのだ。

いざ実践すると、あっけないほど短期間に、目覚ましい成果が出ることに驚き、「どうしていままで、やっていなかったんだろう。なぜ、これほど当たり前のことが、常識的に世の中で幅広く実践されていないのだろう」と、博士に問う実践者は少なくなかった。私も、そうした一人だった。

博士は、常識が常識だと認知され、幅広く実践されるまでには時間がかかるものだと説いていた。地球が回っていることは、誰でも知っている常識である。でも、四〇〇年前に地球は回っていると、あなたが主張したらどうなっただろうか。ガリレオの裁判のことを思い起こす人もいると思うが、いまでは常識であることも、四〇〇年前は常識ではなかったことに気がつく。常識が常識として認知されるまでには長い時間がかかるが、大きな障害も乗り越え、世の中に広まり定着していくことは歴史が示している。

博士は科学者として、知識体系は世の中に幅広く活用されてこそ意味があると考えていた。博士の開発した知識体系はすべてパブリックドメインとして公開され、あらゆる人が活用できるようになっている。

博士の志は、著作物や彼自身のセミナーを通して、世界中の科学者の心を持った後継者たちに引き継がれ、全体最適のマネジメント理論であるＴＯＣの知識体系が世の中の常識として幅広く活用されるように広がり続けている。

9 現実は物語る

世界各国で行なったコンサルテーションの中には、ゴールドラット博士でさえ、時には思ったようにいかないこともあった。普通なら当惑する場面でも、むしろ博士はそういう状況を楽しみ、かえってファイトが湧いてくるように周囲には見えた。知識を深めることに貪欲だった博士。思ったようにいかないことは、ものごとに対する理解を深める絶好の機会として、博士の目には映っていたのだ。

「現実は物語る」という言葉も、博士が好んで使った言葉だ。現実を素直に受け止め、「なぜだろう」と考えて、原因を探す。原因さえわかってしまえば、その解消に一歩近づいたことになる。

思ったようにいかない時に、「なんでうまくいかないんだろう」とイライラする。実際、人がものごとを改善しようと思うのは、多くの場合、現状に満足していないからだ。その満足していないという「感情」が、思ったようにいかない原因を考えるきっかけとなる。

すると原因を探るために、人は「直感」を使う。直感があるからこそ、いくつかの可能性のある原因を突きとめることが可能になる。

しかし、直感で感じている段階では、説明や証明を経ていないので、まだ論理的に説明できていない状態だ。その直感で感じた原因が、本当に思ったようにいかない現実を引き起こしているのかを説明したり証明するために、原因と結果をつなげて「論理」を構築していく。そして、その論理的なつながりが明確になると「そうだったのか!」と、喜びという「感情」がこみ上げてくる。

こうして博士は、「感情」「直感」「論理」を三つのプロペラに喩え、充実した人生を送るための推進力であると主張していた。感情、直感、論理は決して別物ではなく、お互いにつながり、高まり合っていくものなのである。

10 どのような尺度で評価するか教えてくれれば、どのように私が行動するか教えてあげよう

「全体最適で、みんなで協力し合って仕事をする」という考え方に異論を唱える人はほとんどいないだろう。実際、「全体最適と部分最適、どちらがいいと思うか」と質問すると、ほとんどの人が全体最適と答える。

しかし、「現実の組織活動で、全体最適と部分最適とでは、どちらの行動が目につくだろうか」と質問すると、ほとんどの人が部分最適の行動と答える。とても不思議なことだ。

ところで、あなたの組織の評価基準は、全体最適の行動を促しているだろうか？　それとも部分最適の行動を促すものだろうか？

もしも評価基準が、部分最適の行動を促していると感じるなら、部分最適の行動が組織で見受けられても不思議ではない。

組織で、部分最適の行動があちこちで起きてくると、人間関係は悪くなってくる。その結果、感情的な対立にまで発展してしまうことも少なくない。

元はと言えば、部分最適を促す評価によって、引き起こされた望ましくない現象の数々である。ならば、全体にどれだけ貢献するかという視点で評価をしたらどうだろうか。

難しいことのようだが、実は、これは極めて自然なことでもある。組織全体から見て、ここが制約だとわかったとする。その制約さえ何とかすれば、組織全体がよくなることがわかれば、みんな自然に協力し合うものである。

あなたは、これまで極めて深刻な問題に直面したことはないだろうか。

例えば、設備故障などの大きな問題が起きて、重要なお客様に迷惑がかかるような状況に追い詰められた時、自然に組織の枠を越え、徹夜も厭わずに全員で協力し合い、かつてないほどの短期で解決できてしまうことがある。

「人は追い詰められた時に、正しい行動を取るようになる。問題は、それを例外として片づけてしまい、なぜ、それができたのかを理解しようとしないことだ」とゴールドラット博士は主張していた。

設備故障という組織全体の制約が発生し、ここを何とかしないといけないとわかると、人は自然に組織を越えて協力し合う。そして自部署よりも全体のことを優先して、協力した人は評価される。ならば、こうした深刻な状況が実際に起きる前に、普段から組織全体の制約を明らかにして、そこさえ何とかすれば全体が飛躍的によくなることを示す。そして、全体に貢献する行動を評価する。全体の成果が飛躍的によくなれば、その見返りはもちろん組織全体にも及ぶ。

気がつくと、部分最適の行動から引き起こされていた組織内の感情的対立がウソのように消えて、人間関係がよくなる。モチベーションが上がり、人が成長していく。世界各地からこうした報告を受けるたびに、博士は、「人はもともと善良である」という信念をさらに強くしていったのは言うまでもない。

11

対立は、現実には存在しない。認識の中にだけ存在する

仕事に限らず、「あちらを立てれば、こちらが立たず」で板挟みになってしまうことも……。そんな時、あなたなら、どうするだろうか。

妥協したり、どっちつかずでフラフラしたり、どうにもならないと諦めたり、対立を避けて、あたかも対立などないようなフリをしたり……。

ゴールドラット博士は、そのような方法はどれも解決策とは言えないと主張していた。そこで博士は、対立を解消して妥協のない解決策を導き出す「クラウド」という手法を開発したのである。

「クラウド」とは、雲のことである。モヤモヤした雲をスッキリ晴らす手法と考えていいだろう。クラウドの構造はシンプルだ。対立する二つの行動は、それぞれに異なる要望を満たすための手段であると考える。そして、対立する行動によって満たしたいそれぞれの要望を見つけ出す。見つけ出したそれぞれの要望は異なっているが、必ずしも対立していない、む

しろ両立すべきものであることに気がつく。両立すべき要望があれば、共通目的もあるはず。それを明らかにしていく。

下の図は、博士の愛娘エフラットがつくったので、通称「エフラットのクラウド」と呼ばれている。自分が置かれている現在の状況を「変える」べきか、「変えない」べきか、という心の葛藤を示したものである。こうしたことは、人生でよく直面する問題だ。

「幸せでいる」ためには、「安全を確保する」ことが必要だ。そのためには、現在の状況を「変えない」べきだと感じる。

一方で「幸せでいる」ためには、「達成感を得る」ことが必要だ。そのためには、新たなことにチャレンジして現在の状況を「変え

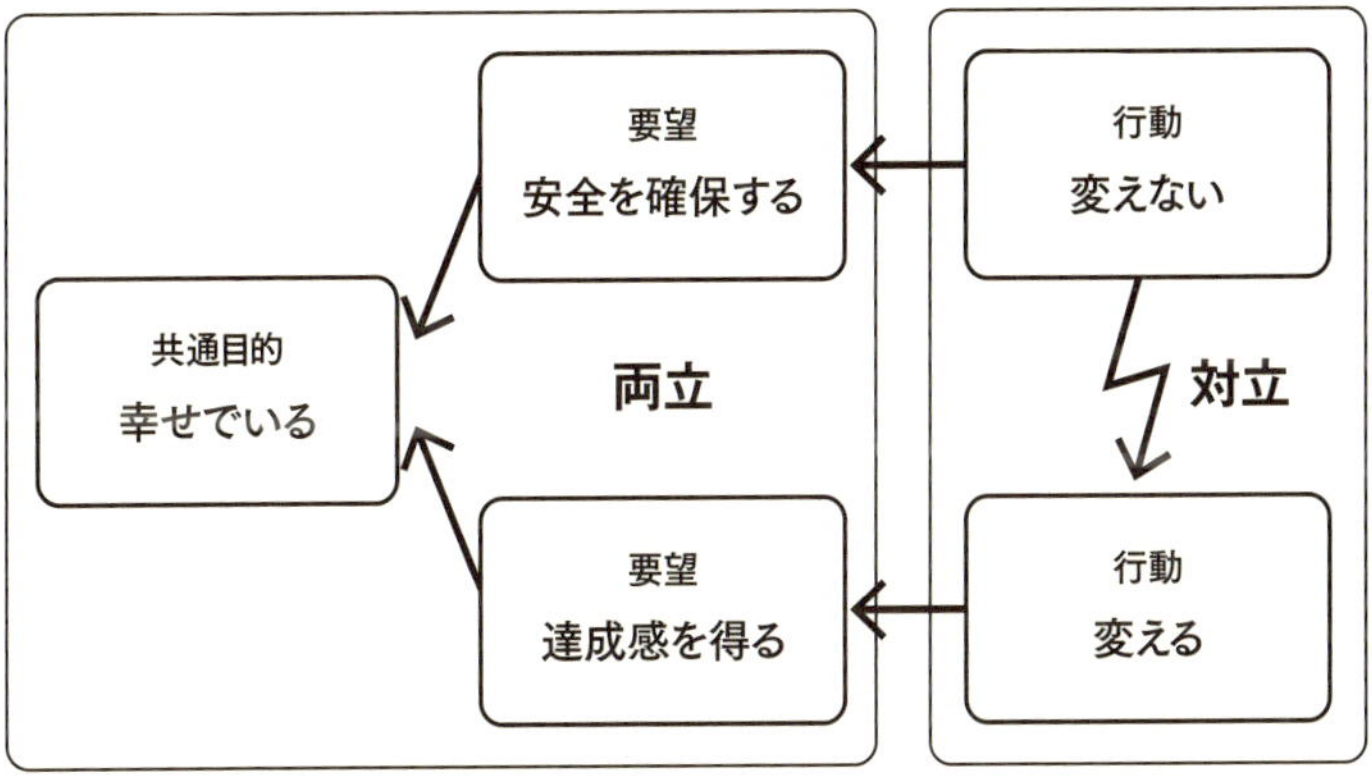

る」べきだと感じている。

「変える」か「変えない」かの二者択一の対立ではあるが、「変えない」という行動を主張するのは、「安全を確保する」という要望を満たすため。「変える」という行動を主張するのは、「達成感を得る」という要望を満たすためである。「変える」「変えない」で対立しているのは手段のレベルにすぎず、要望レベルの「安全を確保する」ことと「達成感を得る」ことは決して対立しておらず、むしろ両立すべきと感じるはずだ。

「変える」「変えない」の二者択一となっているが、本当にそれしか手段がないのだろうか。対立している手段のレベルから、視野を広げて、両立すべき要望に目を向けて別の手段がないか考えていくことも可能となる。

このようにクラウドによって、対立する状況を構造化する。そして、対立する手段のレベルから両立すべき要望のレベルに発想を転換して、ブレークスルーできる解決策を考えていく。これが、『ザ・ゴール2』の中で発表されたクラウドを使った問題解決の発想法である。

組織において、変化に抵抗はつきものと言われる。しかし、対立している相手の主張が「変えない」という場面でも、「安全を確保する」という要望にまで目を向ければ、その主張もわからないでもない。

「たとえ抵抗勢力に対しても、大きな尊敬の念を持つことが大切である」と、博士は常に語っていた。変化に抵抗しているのは愚かだからと考えるのではなく、その変化によって引き起こされるかもしれない副作用に懸念を持っているからではないかと考える。だったら、それに耳を傾けて、可能性のある懸念事項を前もって解消してしまえばよいのだ。

懸念されることをあらかじめ明らかにして、その原因を解消する。博士は、この手法を「ネガティブ・ブランチ」と名づけた。

あらかじめ懸念されることを解消すれば、変えることによる副作用がなくなる。すると、変革に成功し達成感を得る可能性が高まる。こう考えると、対立していると思っていた抵抗勢力も成功するために欠かせない協力者に思えてくるようになる。そして、お互いがハッピーになる。

対立しているように見えていたのは、私たちの認識の中だけであったのだ。対立をやむを得ないものとして受け入れないこと。必ず妥協なき解決策はあると信じること。それがブレークスルーの発想を生むことにつながる。

先に紹介した「ものごとは、そもそもシンプルである」と「人はもともと善良である」に加えて、三つ目の重要な信念として、後に博士が掲げたのが、「すべての対立は取り除ける」というものだ。

博士は、これらの信念を持って、あらゆる組織の長年のジレンマ解消に積極的に取り組み、生産、プロジェクトマネジメント、サプライチェーン、会計などで、ブレークスルーをもたらす全体最適のソリューションを次々と編み出していった。

人が対立とかジレンマと評する状況は、博士にとっては、ブレークスルーを生み出すチャンスに見えていたのだ。

12
まず相手のウィンを考えることが、本当のウィン−ウィンにつながる

ウィン−ウィンと口で言うのはたやすいが、いざ実践しようとすると意外と難しい。「本当のウィン−ウィンとは、最初に相手のウィンを徹底的に考えることから始まる。そして、相手が思いもよらなかったほどの大きなウィンをつくり、その中で自分のウィンをつくることである」とゴールドラット博士は説いた。

相手が思いもよらなかったほどの大きなウィンをつくるためには、相手の立場になって考え抜くことが不可欠だ。まずは、相手が何に困っているのか、望ましくない現象は何なのかを考える。次に、どういう状況であれば相手にとって望ましいのかを考える。そして、相手の望ましい状況を実現するために何ができるかを考える。

とはいっても、現実の世界はそう生やさしくはない。取引先のお客様が望んでいるのは、一にも、二にもコストダウンというのは珍しいことではない。相手の言うことをそのまま聞いていたら、相手だけが勝ち、自分は負けてしまうウィン−ルーズの状況に陥ってしまう。

ここで一例として、小売業と取引しているメーカーの事例で、相手の立場になって考えてみよう。相手がコストダウンを要求するのは、なぜだろうか。本当は、利益が上がらないからではないだろうか。相手が利益を上げたいということならば、コストダウン以外の方法はないだろうかと発想を変えて考えてみることもできる。

年々、価格競争が厳しさを増す小売業。必死のコストダウンなどの努力もむなしく、利益を上げるのは、ますます厳しくなってきている。小売業では、会社の保有するキャッシュのほとんどは、在庫に費やされている。その在庫が店頭で消費者に購入されて、初めて会社に利益が入ってくる。これは、在庫が回転することによって利益が入ってくること。つまり、小売業にとって大切なのは在庫回転率ということになる。会社が持つキャッシュのほとんどが在庫に費やされている現実から考えると、回転率が二、三割上がっただけでも、目覚ましい改善だと言える。

商品寿命はますます短くなる一方である。流行遅れのものを大事な店頭のスペースに置いておくわけにはいかない。売れ残りを防ぐためには、ディスカウントしてでも売り切らなければならない。一方で、売れ行きのいいものは品切れになり、機会を損失してしまうこともある。欲しいモノがなければ、消費者も不満を覚える。

市場は変化する。何がどれだけ売れるかを正確に予測するのは至難の業。何をどれだけ在庫を持つのかは、小売業界の長年の悩みだ。

博士がそういう現実を、小売業の立場で徹底的に考え抜いて開発したのが、『ザ・クリスタルボール』で発表した「ダイナミック・バッファマネジメント（DBM：Dynamic Buffer Management）」である。在庫を大幅に削減しながら、欠品を起こさないように、市場の需要に応じて在庫量を変動させるアルゴリズムだ。

もしもメーカー側から、小売業の抱えている在庫を半分以下にしても、品切れを起こさない方法を提案したらどうだろうか。在庫に費やされていた資金の半分が解放される。在庫を半分にするということは、同じ売上げの場合でも回転率が倍になるということだ。資金効率は劇的に高まる。さらに欠品による機会損失がなくなれば、売上げが上がり、もっと回転率が上がることになる。

店頭での欠品がなくなった分の売上げアップは、もちろんメーカー側の売上げアップにつながる。さらに、解放されたキャッシュの一部を活用して、メーカーの商品の取り扱いアイテム数を増やすことを提案する。圧倒的に回転率の高いオペレーションを実現できることを示しているなら、解放されたキャッシュを銀行に置いておくよりも、メーカーの商品に投資したほうがはるかに得なのは明らかである。品揃えが増えるにつれて、その分、売上げも上がることになる。消費者にとって、品揃えのよい店と悪い店、どちらがよいかは言うまでもない。お店の評判も高まり、さらに売上げに貢献することになる。

まず、相手のウィンを考える。それが、自分のウィンにつながる。日本で言われている「利他の心」にも通じるロジック。それが、博士の主張するウィン－ウィンなのである。

13
数字で表せないものこそ、大切である

ゴールドラット博士が、最も愛した日本の言葉――それは「ＷＡ（和）」であった。晩年、世界中で、「和」の大切さを説いていた。

それには、こんな裏話があった。

ＴＯＣを実践した日本企業のみなさんが「職場の中でのコミュニケーションやコラボレーションがよくなった」と口を揃えて感想を述べた。職場にもたらされた和に感動し、感謝する数々のメッセージに、博士は当初、強い違和感を覚えた。

「いったい、成果はどこにあるんだ？」

通常、ＴＯＣを導入すると、リードタイムや在庫が激減した、同じ期間にプロジェクトが倍できるようになった、利益が大幅に上がったなどの成果が現れる。海外のどこでも、そういった事例報告が普通だ。唯一、日本を除いては……。

日本での成果報告だけは、そうしたビジネス上の目覚ましい成果はそっちのけ。職場に和がもたらされたことを、最大の成果として挙げる。そこで、博士は、自らの根本的な考え方の間違いに気づかされた。

博士は、物理学者である。「測定できないものは重要ではない」と思い込んでいた自分の間違いに気がついたのだ。よりよいコミュニケーションとコラボレーションがあれば、そこで働く人のモチベーションも上がる。そうすれば、自ずと結果はついてくる。考えてみれば当たり前のことである。言い換えれば、いかに現在の業績がよくても、そこで働く人のコミュニケーションもコラボレーションも悪く、モチベーションが下がっていたら、いずれ結果も下がってしまうことになる。

「数字で表せないものは重要ではない」のではなく、「数字で表せないものこそ、重要である」ことを、物理学者としてのゴールドラット博士が悟った瞬間であった。

博士は、そのことを奥さんにも話した。奥さんの返事が傑作だった。

「私のことをどのくらい愛してる？　7・16？」

さすがの博士も、奥さんには頭が上がらなかった。愛は、数字では表せない。「数字で表せないものこそ、大切なものであること」をシンプルに諭されてしまったのだ。

「和」を一言で、英語に訳すのは難しい。調和の意味のharmony、和やかな意味のpeaceful、足し算の和の意味のsum、そして日本的という意味のJapanese。それを説明したところ、博士はとても気に入り、日本語のまま「ＷＡ」という言葉を世界各地の講演でも使うようになったのだ。

14 フラストレーションは、いつかはけ口を求める

ゴールドラット博士は、「日本人はおそらく他の惑星からやってきたに違いない」とよく口にしていた。人と人との関係を大切にし、「和」を大切にする日本。「世界の他の国が日本から学ぶべきだ。地球に日本があってよかった」と語ることさえあった。しかし、「和」を重視する日本の文化は、同時に大きな弱みにもなり得ると考えていた。

それは、日本人が「和」を重視するあまり、対立を恐れ、本当は対立があるにもかかわらず、いかにもないように振る舞ってしまうことである。対立を避けても、対立が解消するわけではない。放っている間に、対立を解消できないフラストレーションはますます募っていく。

「フラストレーションは、いつかはけ口を求める」

博士は、対立を放置していると、たまったフラストレーションが時には悲惨な形となって

現れることに警鐘を鳴らした。

臭いものにフタをし、衝突を避けるのではなく、対立の存在をきちんと認めることから始める。対立しているのは、認識の上だけである。先に紹介した「クラウド」を使って、対立している行動にはそれぞれ異なる要望があるはずと考える。互いの要望を考えることは、互いの理解が深まるということでもあり、コミュニケーションがよくなる。そして、それぞれの要望を見つけ出し、両立する方法を考えればよいのだ。

互いの要望を満たす方法が見つかれば、対立は自ずと解消する。対立がなくなれば、人間関係はよりよくなる。

対立は避けるべきものではなく、むしろ互いを理解し、人間関係をよりよくして、「和」もたらすための絶好の機会となる。

『ザ・ゴール』が米国で出版されたのは一九八四年のことだった。一七年の長きにわたり、博士が日本に版権を認めなかったのは有名な逸話である。出版当時、日本の製造業があまりに強く、世界中で貿易の不均衡の問題を引き起こしていた。そんな状況で、日本で出版されたら、他の国が追いつけなくなるほどの競争力を日本が身につけてしまうことを恐れたと語っていた。そんな理由から、他の国が追いついてきたと確信した二〇〇一年まで、日本での出版を認めなかったのである。

実際、日本で出版されると、制約に集中してみんなで助け合うという考えは、多くの実践者から目覚ましい成果とともに、日本の文化とたいへんマッチすると、喜びの声が博士のところに寄せられた。そのたび、博士は目を細めていた。

博士は、自ら率いるゴールドラットグループの全世界のメンバーに次のように語っていた。

「私たちも、日本人のようでなければならない」

15 順序が肝心

ゴールドラット博士が、ものごとの論理的なつながりを大切にしていたのはもちろんだが、ものごとの順序も大事であると説いていた。

二階から人が落ちたら、ドスン、アーいたた。
これが一〇階からだったら、アー！ ドスン……。

順序が肝心。

これは、博士がセミナーで、好んで使った喩えだ。「ドスン」と「アー」の順序が違うだけで、その意味は決定的に違うものになってしまう。少々ブラックな喩えであるが、聞いた人々に強烈な印象を残した。

ものごとを進めていくのに順序が肝心なのは言うまでもない。あなたは、上司に「聞いてない」と言われたことはないだろうか？　こうした反応は、明らかにものごとを進める順序を間違えた証拠である。

一度、順序を間違えると、あとが大変になる。うまくいくものも、うまくいかなくなってしまう。ひどい時には、それだけでおしまい。運よく立て直しができたとしても、多くの再調整の作業が発生して思うように進まなくなる。

だからこそ、ものごとを進めるにあたり、前もって順序をじっくりと考えることが大切なのだ。

博士は、多くの人が実行を焦るあまり十分な準備なしに、とりあえずものごとを進めることを憂慮していた。

「ゆっくりとじっくりと進めることで、むしろ結果が早く得られる」

博士はプロジェクトを進める前に、関与するキーパーソン全員と入念に手順の検討を重ねた。時には、数百人を超えることさえあった。

博士は、自らをパラノイアであると言う。実行する前に、安全ネットの上に安全ネットを何重にも張らないと実行すべきではないと主張していた。こう考えると大変な作業に思えるが、実行の順序を誤ればその代償は大きい。いったん始めたプロジェクトが、数週間、時には、数か月も停滞してしまうことも珍しくない。それを考えれば、たった数日間、関係者みんなで集まって実行の手順を確認するのは、非常に価値のあることである。そこをしっかりとしておけば、プロジェクトは早く進み、結果も早く得られることになる。

「幸運とは、準備が機会に巡り合った時に訪れる。不運とは、現実と、準備不足が巡り合った時に訪れるものである」とゴールドラット博士は説いた。

前半の「幸運とは、準備が機会に巡り合った時に訪れる」は、古代ローマの哲学者セネカの言葉である。博士はその後に、もう一つ、「不運とは、現実と、準備不足が巡り合った時に訪れるものである」と付け加えた。

準備不足では、幸運はつかめない。しっかりと準備してこそ、幸運への道は拓けていくのである。

16 命令型の「！」よりも、質問の「？」のほうがよっぽどパワフルである

「私は、人に考え方を教えたい」――これが、ゴールドラット博士が二〇歳の時に立てた志だった。そして、人が考えるようになるベストな方法は何かというと、それは「質問」であると心から信じていた。

「学ぶことの最大の障害は、答えを教えることではないだろうか。私がそう思うのは、答えを教えることで、答えを自分で見つける機会を永久に奪ってしまうからだ」と博士は語っていた。

『ザ・ゴール』に登場するジョナという物理学者は、まさに博士そのもの。主人公のアレックスに質問はするが、答えはアレックスが自ら見つけ出していくようにし向ける。これは意図的にしたもので、質問こそが教育の最善の方法であると博士が固く信じていたからである。

「読者が、『ザ・ゴール』をおもしろいと感じるのは、主人公と一緒に自分で答えを探し出すプロセスを楽しめるからだと思う。この本は、新しい科学的生産マネジメントを提案する

と同時に、学ぶとはどうあるべきかについて、読者に問いかけたものなのだ」

逆に命令形で、「ああしろ！ こうしろ！」と指示をしたらどうなるだろうか？ 指示されたほうは、何も考えなくていいし、言われたことをただやるだけ。はたして、これでよい結果が望めるだろうか？ 考えて仕事をした場合と、考えないで仕事をした場合、どちらがよい仕事を期待できるだろうか？ 命令形で指示をするということは、結果的に相手の考える機会を奪っていることになるのだ。

博士は、現場に、「ああしろ！ こうしろ！」と指示するのではなく、経営幹部がすべきシンプルな一つの質問を挙げていた。それが、次の質問だ。

「何か、助けられることはないですか？」

一見、優しく思える質問だが、実践するとその深い意味に気づくことだろう。経営幹部に「何か、助けられることはないですか？」と問われたら、現場はどう考えるだろうか？ まず経営幹部に助けを差し伸べられてうれしいと思うに違いない。一方で、そうなると幹部からの指示を待つことができなくなってしまう。何をしてもらえば助かるかを自分で考えなければならなくなるのだ。実は、現場にとってはとても厳しい質問でもあるのだ。

現場のことは、現場がいちばんよくわかっている。現場の現実をベースに、何をしてもらったら助かるかを、実践的で効果的な要望を考えることができるはずなのだ。その要望の筋が通っているなら、経営幹部は助けてあげればいい。幹部からの助けも得られ、しかも現場から出した自分の提案でもある。現場はなんとしても問題を解決しなければならないと、責任感を持って仕事を進めることだろう。

経営幹部の助けを得ながら、自分でよく考えた方法で、しかも責任感を持って行動すれば、結果も自ずとよくなっていくことが期待できる。問題が解決したら、「あの時に助けていただいたおかげで……」と、経営幹部の助けに感謝することになる。自らの提案で問題を解決した現場の成長に、経営幹部も喜ぶことにもなるだろう。

経営幹部が、「ああしろ！　こうしろ！」と命令形で指示することは、かえって現場が考え、成長する機会を奪っていることに気がつかなければならない。

つまり、命令形の「！」は人が考え、成長することを妨げる。一方、質問形の「？」は人が考え、成長することを促すのだ。

17 すばらしいことじゃないか？

ＴＯＣを実践していると、短期間でもたらされる人の成長、そして目覚ましい成果に驚かされると同時に、「あの時にこうしておけば、もっとできていたのに……」と反省の言葉が聞かれることがある。

『ザ・ゴール』が出版されて世界各地で同じような現象が見られ、ゴールドラット博士は、その現象をジョナ・シンドロームと名づけ、ＴＯＣの導入成功につきものの副産物であると語っていた。「あの時にこうしておけば、もっとできていたのに……」と感じるのは「いまなら、もっとできると思う」ということであり、自分が成長し、これまでの標準よりも、もっと高いレベルでものごとを考えられるようになった証であると考えるべきなのだ。

人は、ものごとをある程度達成したとしても、「あれができていない」「これができていない」と、できていないことばかりが気になるもの。時には、これまで何も達成していないかのごとく、達成できていないことばかりが気になってしまう。

そんな時、博士は「すばらしいことじゃないか？」と、いつも私たちに語りかけ、考える機会を与えてくれた。

まず、これまでやってきたことについて、どんな論理をたどって、どのようなことができたのかを振り返る。そして、「すばらしいことじゃないか?」と問いかける。

そして次に、論理的に明らかになった学びを活かして、これからどんなことができるのかを一緒に考えていく。すると、学んだことを活かすと、思っていたよりもはるかにすばらしい未来が拓けることに気がつく。そしてさらに、「すばらしいことじゃないか?」と語りかけるのだった。

これまでやってきたこと、すばらしいことじゃないか?
これからできること、すばらしいことじゃないか?

これまでやってきたことから学び続け、そして未来を切り拓く。この考え方こそが、博士の成長のエンジンだったのかもしれない。

18 本当の制約は、経営者の注力だった

ＴＯＣにおける「制約」とは、最も希少なものであり、そこに集中してマネジメントすることによって、組織全体のパフォーマンスは短期間に飛躍的に改善すると考える。

『ザ・ゴール』では、最初、生産現場に制約があったが、それが解消されると市場に制約が移り、限られた市場の機会をいかにして活用するかが語られている。しかし、ゴールドラット博士は、必ずしもこの制約の説明に満足はしていなかった。博士は、晩年になって次のように語っていた。

「私はずっと、本当の制約とは何かを探し求めてきた。それは、二〇年以上、目の前にぶらさがっていたのに気がつかなかった。組織における本当の制約は、経営者の注力だったのだ」

組織におけるリソースは決して無限ではなく、限られている。その限られたリソースをいかに有効に活用して、パフォーマンスを上げていくか。それが、経営者の大きな役割と言える。

一方で、経営者の職掌範囲はとても広い。長期・短期の戦略と戦術の策定と実行、進捗の

管理、会議の出席、現場との相談・打ち合わせ、決裁、顧客や取引先との打ち合わせなど、さまざま業務があり、仕事は煩雑になりがちである。

ここで、組織おける最も希少なリソースとは何かを考えてみよう。希少なリソースとは、一般に、需要が供給を大幅に上回るリソースのことである。これを組織に当てはめて考えてみると、日常業務の中で、経営陣に時間を取ってもらうことの難しさを考えれば、組織の中で最も希少なリソースは、経営者の時間であることがわかるだろう。

もしも、経営者の希少な時間が、あれもこれもといつもバタバタしていて、組織全体の改善に結びつかないようなことばかりに費やされているとしたら、それは、組織全体にとって大きな損失と言わざるを得ない。言い換えれば、経営者の注力をどこに集中していくかということが、組織のパフォーマンスを大きく左右することになる。

こうした視点から、博士の生み出したさまざまな全体最適のマネジメント手法は次のように、組織における希少なリソースである経営者の注力を全体最適のために集中して活用する取り組みだったことがわかってくる。

- 『ザ・ゴール』で紹介されたドラム・バッファ・ロープ（DBR：Drum Buffer Rope）は、

個々の効率よりも、全体の流れに経営者の注力を集中させる生産マネジメント手法である。

・『ザ・ゴール２』で紹介された思考プロセス（ＴＰ：Thinking Process）は、個々の症状としての現象よりも、全体の問題を引き起こしている核の問題に、経営者の注力を集中していく全体最適の問題解決手法である。

・『ゴールドラット博士のコストに縛られるな！』（ダイヤモンド社）で紹介されたスループット会計（ＴＡ：Throughput Accounting）は、コスト削減よりも、スループットを増やし続けることに経営者の注力を集中する会計手法である。

・『クリティカルチェーン』で紹介されたクリティカルチェーン・プロジェクトマネジメントは、個々の期限よりも、全体の期限を守ることに経営者の注力を集中するプロジェクトマネジメント手法である。

・『チェンジ・ザ・ルール！』で紹介された「技術に対する六つの質問」は、技術そのものよりも技術の進化を活用し、いままでのルールを変え、全体に成果をもたらすことに経営者の注力を集中する技術マネジメント手法である。

- 『ザ・チョイス』で紹介された戦略と戦術のツリー（S&T Tree：Strategy and Tactics Tree）は、組織の変革において、部分、部分に分けて管理するのではなく、組織のトップから現場まで、全体とのつながりを重視して、経営者の注力を集中するマネジメントする手法である。
- 『ザ・クリスタルボール』で紹介されたダイナミック・バッファマネジメント（ＤＢＭ：Dynamic Buffer Management）は、当たるかどうかわからない需要の予測よりも、現実に起きている変動する需要に、経営者の注力を集中するサプライチェーンマネジメント手法である。

長年の探求の結果、博士のたどり着いた結論は、組織における本当の制約は、経営者の注力にあったということである。そして、ＴＯＣは制約に取り組む、全体最適のマネジメント理論である。つまり、ＴＯＣで変えるのは、現場ではなく、経営なのだ。そして、経営が変われば、現場も変わるのだ。

19 わかっているとは決して言わない

ゴールドラット博士が、私たちに託した最後の言葉。それは、「わかっているとは決して言わない（Never Say I Know）」であった。

閉鎖寸前の工場をわずか三か月で再生させた『ザ・ゴール』は、決して夢物語ではない。事実、多くの産業界で同じような事例が報告されている。TOCを適用すると、これまでとは桁外れの成果を出すことができる。実際に成果を出すと、私たちは、わかっていると思ってしまいがちになる。

しかし、そこに博士は警鐘を鳴らした。

わかっていると思った時、それは同時に、以前よりも、より強固な土台を得たことになる。以前より強固な土台の上では、物理的により高く飛躍できるという現実を見逃してはならないと主張する。

つまり、わかっていると思った瞬間、それまでわかっていなかった大きな飛躍の機会がそこに存在するということなのだ。博士は、自らの発明をいかにして編み出したか、そのプロセスを解き明かした。そして世界中の後継者たちが、博士と同じように知識体系を進化させていくことを望んでやまなかったのだ。博士は亡くなる数日前、世界中から集まった側近にこう語った。

「私が他の人と違う、たった一つのことがやっとわかった。それは、Never Say I Knowという信念を持ち、それを実践しているか、それだけなのだ。そして、それを行なうプロセスを開発した。これを世界中のみんなに託す。どうやら、私は自分の体力を過信していたようだ。私に残された時間は少ない。だからこそ、心からのお願いがある。どうか、私の遺した知識体系を維持するのではなく、進化・発展させ続けてほしい」

その言葉とともに語られたプロセスは以下のとおりである。

ステップ1　取るに足りないものでなく、「巨人」を見つける
ステップ2　巨人が取り組まなかった大きな領域を見つけること
ステップ3　巨人の肩の上の立つ
ステップ4　巨人が劇的に改善した現実と、触れなかったところの前提条件の違いを見出す

ステップ５　間違った仮定を見出す

ステップ６　核心の問題、解決策などを究明する十分な分析をする

博士は、このプロセスを「巨人の肩の上に立って」（"Standing on the shoulders of giants"）と名づけた。実はこのフレーズは、博士の尊敬する物理学者ニュートンの言葉からの引用である。ニュートンは、偉大な発明を称賛された時に次のように答えたという。

「もし遠く先を見ているとすれば、それは巨人の肩の上に立っているおかげだ」

偉大な発明は過去の偉業に支えられてこそ、進化するということ。これがゴールドラット博士の物理学者として、終始一貫変わらぬ姿勢であった。

博士が最初に見つけた巨人は、いったい誰だったのか――それは、「トヨタ生産方式」を生み出した大野耐一氏であった。博士は、まだ書籍『トヨタ生産方式』の英語版が出版されていない頃、自分で取り寄せ、当時としては大金の二〇〇〇ドルをつぎ込んで翻訳を依頼し、むさぼるように読んだそうだ。博士は、いつも大野耐一氏のことをマイ・ヒーローと尊敬してやまなかった。「巨人の肩の上に立って」のプロセスに沿って、博士の足跡をたどってみたい。

ステップ1：取るに足りないものでなく、「巨人」を見つける

博士が見つけた巨人は言うまでもなく、大野耐一氏であった。

ステップ2：巨人が取り組まなかった大きな領域を見つけること

トヨタの目覚ましい成果に疑う余地はない。しかし、他の多くの企業がトヨタ生産方式を導入しようと試みるが、真剣な努力にもかかわらず、トヨタに迫るほどの成果を出した企業は少ない。これは、なぜだろうか。つまり、トヨタ生産方式が適用できない大きな領域があるのではないか。この発見が、飛躍の機会となる。

ステップ3：巨人の肩の上に立つ

大野氏の実践した足跡をたどり、『トヨタ生産方式』の中に書かれているヘンリー・フォード氏と大野氏が実践した共通の本質を明らかにする。それは、以下の「四つの流れの概念」からなることが明らかになる。

①流れの改善がオペレーションの主要な目的である

②この主要な目的は、いつ投入しないかをガイドする実践的なオペレーションに落とし込まれなければならない

③部分最適は排除しなければならない
④流れをバランスする集中プロセスがなければならない

ステップ４：巨人が劇的に改善した現実と、触れなかったところの前提条件の違いを見出す

大野氏が、適用したのは、自動車産業である。自動車産業とそれ以外の産業の大きな違いは何か。商品寿命が短いことや需要変動の激しい不安定な環境と考えられる。

ステップ５：間違った仮定を見出す

トヨタという会社にいた大野氏が開発したのが、トヨタ生産方式である。トヨタという会社の環境にフィットするように常に進化発展したもの。その手法が、他の産業に適用できない場合があっても不思議ではない。適用すべきは、トヨタに最適化されたうわべの手法ではなく、大野氏がなぜ目覚ましい成果を実現したか、その根底にある概念である。

ステップ６：核心の問題、解決策などを究明する十分な分析をする

偉大な先達、大野氏がもしも、不安定な環境にいたらどういうことを考えるか、ステップ３で明らかにした四つの概念から考える。

こうしたプロセスを経て生まれたのが『ザ・ゴール』で発表された「ドラム・バッファ・ロープ」という生産マネジメント手法なのである。その発表から三〇年近く経った晩年、ようやく博士は、自らの頭の中でこうしたプロセスを経て編み出したものであることに気がついたのだ。

確かに手法だけでも大きな価値があるが、手法を編み出すプロセスは、さらに大きな価値があるのは明らかである。このプロセスに沿って考えることで、後継は、新しい手法をこれからも生み出し続け、ゴールドラット博士という「巨人の肩の上に立って」知識を進化し続けることが可能になるのだ。この発見に、自分の死が近いという現実に直面してもなお、子供のように嬉々としていた。

「わかっているとは決して言わない」——これは、遺された私たちが、エリヤフ・ゴールドラットという巨人の肩の上に立って、常に知識を進化し続け、歩みを進めるための道標でもあり、彼の希望の道を切り拓いていくことになるのだ。

20 私は決して天才ではない

ゴールドラット博士のことを、世界中の多くの人が「天才」と称えていたが、本人は、「私は決して天才ではない」と否定していた。実際に、ＩＱは人並みだったとのことである。

それでも博士は、私たちが他人から天才と呼ばれるようになる方法はあると語っていた。それは、因果関係で考える訓練を重ね、頭を鍛える続けることである。

ものごとの原因と結果のつながりを常に考えていく。それは、論理的に考える訓練でもある。原因と結果をつなげる訓練をすればするほど、論理的に考える力は強くなってくる。すると、一見つながりのないようなものごとにも、因果関係を明らかにすることが可能になる。原因と結果のつながりがわかると、その同じ原因から必然的に引き起こされる別の結果を予測できるようになる。予測された別の結果は、まだ起きていないことかもしれないし、まだ誰も気がついていないものかもしれない。その予測された結果が、実際に確認されると人は驚くだろう。因果関係で頭を鍛えれば鍛えるほど、普通には考えられないような結果を予測したり、実証したりすることも可能になっていく。そのようなことをできる人のことを、人は「天才」と呼ぶのではないだろうか。

「ボディビルダーだって、最初から隆々と盛り上がった筋肉がついていたわけではない。長年、鍛えることによって筋肉がついたのだ。同じように、頭だって鍛えることができる」と博士は主張していた。

博士は、誰にでも十分な頭脳が備わっているが、その使い方を阻む障害が四つあると指摘していた。

- ものごとを複雑だと考える
- 人のせいにする
- 対立は仕方がないことと考える
- わかっていると言う

これらの四つの障害を以下のような信念を持って考えることで、乗り越えることができると博士は主張した。

・ものごとを複雑だと考える→**ものごとは、そもそもシンプルであると考える**
・人のせいにする→**人はもともと善良であると考える**
・対立は仕方がないことと考える→**ウィン－ウィンは常に可能であると考える**
・わかっていると言う→**わかっているとは決して言わない**

これらが、博士が生涯を通してたどり着いた最も重要な信念である。

「充実した人生を送ってほしい」

博士が講演の最後にいつも聴衆に語りかけていた言葉だ。

この四つの信念を一人でも多くの人が実践することによって、充実した人生を送ってほしい。博士の心からの願いであった。

イスラエルにある博士の墓標には、次の言葉が刻まれている。

人はもともと善良である
対立はすべて取り除くことができる
どんなに複雑に見える状況も、実は極めてシンプルである
どんな状況でも著しく改善することができる。限界なんてない
どんな人でも充実した人生を達成することができる
常にウィン - ウィンのソリューションがある

博士がガンに冒されたと知ったのは、亡くなるわずか数か月前のことであった。死を覚悟し、自らの人生を振り返り、そして、これから何をすべきかを考えたそうだ。その時に、いままでの生活をまったく変える必要がないということに思い至った。それほどまでに毎日が充実していたことに、気がつく機会を得たことに心から感謝していた。

享年六四歳。まさに充実した人生であった。

Part2

論文・著作編

第6章

ARTICLE

TOCとは何か

ゴールドラット博士のTOC概論

エリヤフ・ゴールドラット

2010

本稿では、ＴＯＣ（Theory of Constraints＝制約理論）の開発者であるゴールドラット博士が、ＴＯＣとは何か——つまりＴＯＣが目指す目的、目標とは何か、そして改善がどのような過程を通じて実現されていくのか、自らの視点を紹介する。また、いかにシステム上の主要問題を見つけることがソリューションの構築につながり、システムを著しく改善させることでまた新たなシステム上の問題が浮上してくるのか、ＴＯＣの展開についても解説している。すなわちＴＯＣとは、システムの改善に対して自然科学的なアプローチをとっているのである。ＴＯＣの開発者として、博士は科学者の考え方を企業や組織、そして個人が抱える問題やニーズに応用した。博士の科学的なアプローチは、従来のビジネスパラダイムを打ち破り、システムマネジメントに対する極めてシンプルなアプローチの構築へとつながっていった。

ユダヤに伝わる有名な話がある。ある日、一人の異教徒が、二人の偉大なユダヤ教の聖職者のもとを訪れ、それぞれにこう訊ねた。

「私に、ユダヤ教の教義のすべてを手短に教えてもらえませんか？」
一人の聖職者は、彼を家から追い払ったが、もう一人の聖職者はこう答えた。
「あなたが他の人からされたくないことは、あなたも他の人にしてはならない。それが、ユダヤ教のすべてである。その他の教えは、この根本から生まれた些細なことにすぎない。さあ、行きなさい。そして、学びなさい」

私たちに、同じことができるだろうか？　はたして、ＴＯＣのすべてを凝縮してそれを一行の文で言い表すことはできるだろうか？　私は、たった一つの言葉で言い表すことができると思っている。それは、〝集中〟である。

集中

――すべてに集中するということは、何に対しても集中していないのと同じである。

「集中」という言葉には、さまざまな定義がある。しかしまずは、「集中とは、やるべきことをやること」という簡単な定義から考えるのが相応しいだろう。ほとんどのシステムにおいても、システムのパフォーマンスを向上させる無数の行動が存在している。では、集中することの難しさとは、いったい何だろうか？　確かに、有効な行動だからといってすべてを実行することなどできない。十分な時間、十分な資金、十分なリソースが用意されているわけではないからだ。とはいえ、実行できる行動が多ければ多いほど、それに越したことはない。そう考えるのが当然だろうが、しかしそうした安易な発想は、パレートの八〇：二〇の法則によって否定されている。パレートが証明したのは、二〇％の要素が結果の八〇％をもたらすということである。すなわち、すべてを実行できないのであれば、やるべきことを的確に選択することが最も重要、つまりは、何に集中すべきか選択することが最も重要だということを示している。

しかし、パレート自ら指摘しているように、八〇：二〇の法則は、システムの構成要素同士に相互の依存関係がないことを前提としている。相互の依存関係が高ければ高いほど（そして変動性が大きければ大きいほど）、状況はますます極端な様相を呈することになる。組織の中には、非常に多くの相互の依存関係と比較的大きな変動性が存在する。だとすれば、システムのパフォーマンスを左右する要素の数、つまり制約の数は、極端に少ないはずである。パレート流に言えば、〇・一％の要素が結果の九九・九％をもたらすと言っていいだろう。つまり「集中」という言葉に、従来とはまったく異なる意味合いが生まれてくるのだ。

制約と非制約

ボトルネックで一時間、作業時間が失われれば、それはシステム全体で一時間失ったに等しい。非ボトルネックで一時間増やしたところで、それは妄想にすぎない。

非制約だから重要ではない、と見なすことほど由々しき間違いはないだろう。それどころか、依存関係があるため、非制約を無視することは制約に悪影響を与え、システム全体のパフォーマンスを深刻な状態に陥れることになりかねない。「多ければ多いほどいい」という言葉をよく耳にするが、確かにこれは制約ついては正しいと言えるだろう。しかし、システムの構成要素のほとんどを占める非制約には決して当てはまらない。非制約に関する限り、「多ければ多いほどよい」という言葉はある一定の範囲（閾値）までは正しく、その範囲を超えてしまうと、一転して「多ければ多いほど悪い」となってしまうのだ。ただし、この値は、あくまで制約との相互依存関係に左右されるため、非制約だけ切り離して検証しても決めることはできない。非制約における部分最適は、決して全体最適と同義語ではないからだ。非制約に多くの労力を費やしたとしても、それが必ずしもシステムのパフォーマンス向上につながらないのである。

システムの構成要素のほとんどが非制約であること、そして非制約に多くの労力を注ぎ込んだとしても、それがよい結果を招くどころか、かえって事態を悪化させる場合があることは理解してもらえたと思う。それでは、「多ければ多いほどよい」という言葉を実践するうえで決して招いてはいけない結果とは、いったいどのようなことだろうか。やるべきことをやっていない最大の理由は、やってはいけないことをやっていることである。

そこで集中という言葉を、さらに狭義に定義しなければいけない。集中とは、「やるべきことをやること、それと同時に、やるべきでないことをやらないこと」なのである。

評価方法

――どのような尺度で私を評価するか教えてくれたら、どのように私が行動するのか教えてあげましょう。

コスト会計に従えば、製品や部品を作ると経費はその在庫に配賦され、経費の配賦は利益増加として解釈される。言い換えれば、従来のコスト会計の概念では、たとえ非ボトルネックであっても、あるいは、たとえ前述の閾値を超えた場合であっても、どんどん生産することが奨励されることになる。そのため、TOCの初期の導入事例においては、当然のことながらコスト会計と真っ向から衝突することになった。これを解決するために、コスト会計に代わる代替手法の開発が必須とされたのである。そしてほどなくして、スループット（T）、在庫（I）、業務費用（OE）という三つの評価基準のシンプルな定義に基づく会計手法〝スループット会計〟（TA）が考案され、〝コストワールド〟と〝スループットワールド〟の相違の説明とともに提示されることになったのである。

『ザ・ゴール』とThe Race

──生産についての小説だって？　そんなの、書店のどの棚に並べたらいいんだい？　売れるはずないよ。

ボトルネックがシステム全体のパフォーマンスに大きな影響を及ぼすことが理解され、その結果、従来は非効率的と考えられていた行動が、実は行なうべき最も重要な行動であると認識されるようになった。つまり「何をすべきか」に新たな意味がもたらされたのである。

これと並んで重要なのが、非ボトルネック一つひとつを切り離して監視することが非実用的であること、すなわち非ボトルネックでの過剰生産を防ぐ仕組み（ドラム・バッファ・ロープ［DBR］とバッファマネジメント［BM］）を構築、導入することが不可欠であることが認識されたことだ。「何をすべきでないか」を理解することが、「何をすべきか」を理解することに勝るとも劣らず重要とされたのである。

これについては、『ザ・ゴール』の中で、またその概念についてはThe Race（Goldratt and Fox, 1986. 日本未発売）の中で詳しく解説している。

他の分野への導入

―釘を打つのが得意な人には、すべてのものが釘に見えてしまう。

TOCが生産分野に持ち込んだ明快なロジック、シンプルさ、即効性は他の分野においてもTOCの導入を促すことになった。しかし生産とは大きくかけ離れた分野もあって、そうした分野では制約そのものが性質上まったく異なるものだった。例えば、プロジェクトにおける制約はボトルネックではなく、クリティカルパス（正確に言えば、クリティカルチェーン）である。また、流通における制約はボトルネックとは無関係で、卸売業ではキャッシュが、そして小売業では来店者数が制約となる。ボトルネックという言葉は次第に誤解を招きはじめ、より広義の「制約」という言葉に置き換える必要が出てきた。その結果、一九八七年、制約理論という言葉がつくり出され、集中プロセスの具体的手法である「5つの集中ステップ」が考案されたのだった。

それでも十分とは言えなかった。非制約を適切に管理する仕組みを流通――商流の末端へ商品を押し込もうとする傾向を防止する仕組み（日々の消費に応じた補充システム）――、またプロジェクト――個々のタスクにバッファを用意しようとする傾向を防止する仕組み（クリティカルチェーン・プロジェクトマネジメント）――において構築する必要に迫られたのであった。

思考プロセス

――現実は極めてシンプルで、自らと調和している。

狭義の「集中」によるパラダイムシフトが完全に浮かび上がってきたのは、生産以外の環境にTOCが導入されるようになってからだった。適切に集中するためには、以下の質問に答えなければならない。どうやって制約を特定するか、どのような意思決定を行なえば制約を徹底活用することにつながるのか、どのようにその決定に非制約を従属させる適切な方法を決めたらいいのか、そしてどのようにして制約の能力を向上させる効果的な方法を見つけ出したらいいのかだ。しかしこれらの問いに対する答えは、従来の手法ではどれだけ優れた手法を使ったとしても得られないことは明白であったし、直感に頼ったとしても不十分だった。

必要とされる行動を特定する一般的な方法、改善を集中する一般的な方法が適切ではないことは明らかであった。こうした方法は、通常まず問題を列挙することから、つまり現在の状況と望ましい状況とのギャップを列挙することから始まる。ギャップは定量化され、パレートの法則に従い、リストの上位の項目から改善努力の対象となるのだ。

こうしたアプローチはうまくいっても、取るに足らない改善しかもたらさない。ギャップの間には相互依存関係はない、という誤った仮定がアプローチの根底にあるからである。しかし相互依存関係が存在すると考えると、そのギャップは実は単なる症状、つまりより深い原因に起因する望ましくない現象（ＵＤＥ）にすぎないことがわかる。個々のＵＤＥに直接対応したところで、本来取るべき行動が何なのか知ることはできないのだ。それどころか逆に、やるべきでない多くの行動を促すことになってしまう。コアの問題を特定し、コアの問題を解消する方法をとらえ、そしてこれらを新しいUDEを生み出すことなく実行できる論理的かつ詳細な体系をつくり出すことが、緊急の課題となったのだ。その結果、一九八九年から九二年にかけ、TOC思考プロセスが開発され、完成度が高められていった。

市場制約

圧倒的な競争優位を獲得するには、市場の重要なニーズに対し、どの競合も真似できないほどの満足を提供しなければならない。

TOCをオペレーションに導入すると著しい改善が見られ、やがて制約は市場へと移行していく。初期の段階では、オペレーションのパフォーマンスが改善された結果、売上げが伸びる。これについては、『ザ・ゴール』でも紹介しているとおりである。しかし、オペレーションの改善は、新たな機会を提供するだけでなく、企業に圧倒的な競争優位性をもたらす。このことに気づくまで、私は数年の歳月と多くの成功事例を要した。企業の制約が市場に移行し、同時に企業が圧倒的な競争優位性を有している場合、〝集中する〟という言葉は、オペレーションの改善を惰性的に続けることではなく、新しく手にした競争優位性を徹底的に活用することを意味する。このオペレーションへの集中から、戦略への集中への移行について解説するために、一九九二年、『ザ・ゴール』に内容が書き足され改訂されることとなった。

本当に必要なところに集中するためには、結果的に期待される競争優位性を明確に言葉に言い表す必要があった。しかし、それはそう容易なことではなかった。同じオペレーション上の改善であっても、常に同じ競争優位性をもたらすのではなく、(企業の製品や顧客の特性によって)実に多様な競争優位を生み出していたため、全体像を把握するのが極めて困難だったからだ。『ザ・ゴール2』では、思考プロセスの紹介をしながら、こうした競争優位性の事例をいくつか紹介している。

収益化と持続

何を欲するかは、慎重に。あなたが考えるより、ずっと早く、ずっとたくさん手に入るかもしれないのだから。

しかし驚いたことに、オペレーションにTOCを導入したほとんどの企業は、獲得した競争優位性を十分に活用してはいなかった。言い換えれば、すっかり集中を欠いた状態になり、オペレーションの改善結果に満足しきって、目の前にあるさらに大きな機会、すなわち、オペレーションの改善によって生じた余剰能力を活かして売上げを伸ばすことで、さらに大きな利益が得られることに気づかないでいたのだった。包括的な知識体系が欠けていたからだ。

圧倒的な競争優位性を持っている企業など、そう滅多にはない。また圧倒的な競争優位性を有している場合であっても、顧客に対しどのように商談を進めるべきか、営業担当者が適切な訓練を受けていないとしても、それは仕方のないことだ。そういう場合の商談は、従来のものとは大きく異なるべきである。つまり従来の商談のように自社の製品に説明を集中するのではなく、顧客の置かれている環境に目に向け、既存のベンダーによって満たされていない顧客の重要なニーズを浮かび上がらせることに努力を集中すべきなのだ。しかし顧客によってその環境は多種多様なため、それぞれを支配する因果関係を解明し、それに基づいたセールスサイクルを構築し、そして営業担当者に必要とされるパラダイムシフトを起こす方法を見出すまでには何年もの時間を要した。

しかし、最初の成功事例に伴い、今度はまた新たに別の課題に対応しなければいけないことが明らかになった。圧倒的な競争優位性を活用すると、売上げが急激に増加する。そして飛躍的な売上げの増加は、市場にあった制約をオペレーション側へと引き戻してしまう。ボトルネックがいとも簡単に再出現してしまうのだ。そしてこの揺り戻しに適切に対処できないでいると、獲得した競争優位性が失われてしまう。受注量を減らすことなく増やし続けるためには、いかに売上げの伸びを維持し、また販売とオペレーションを同期させるのか、その方法を見つけなければいけなかった。集中し続けるには、それが不可欠なのは明らかだった。そうした同期方法、同期のためのシンプルなメカニズムを構築するのはさほど難しいことではなかった。難しかったのは、そのメカニズムを導入するために、TOCを組織全体に浸透させなければいけないことだった。この時、私は、TOCを部門単位の導入から組織全体への導入へと広げることはそう難しいことではないと過小評価していた。TOCが組織のあらゆる面に対応するものであることを示すだけで十分だろうと安易に思い込んでいた。そうした考えのもとに、TOCの解説を一回三時間、八つのセッションに分けて収録した〝サテライト・プログラム〟（Goldratt, 1999）をつくったのもこの時である。

繁栄し続けること

――目標達成を阻む最大の障害は、目標を低く設定しすぎることである。

〝継続的改善プロセス〟（POOGI：Process of Ongoing Improvement）は、『ザ・ゴール』改訂版の原書の副題であり、TOCのモットーでもある。早い時期に、継続的改善プロセスという言葉の従来の定義（パフォーマンスは時間の経過とともに上昇する）には、二つの概念的に異なるカーブ（線）が含まれていることに気づいた。改善率が飛躍的な成長を示すレッドカーブと、改善率が減衰して収穫逓減に至るグリーンカーブの二種類のカーブである。オペレーションの改善がもたらした競争優位性を活用するために、当然、私たちの努力は企業がグリーンカーブを否定し、レッドカーブを追求するよう導くことに向けられることとなった。

しかし急成長を持続するための絶対的必要性を理解した時、実はグリーンカーブもレッドカーブと同様に不可欠であることに気づいたのである。私たちが考えなければいけないのは、財務上の〝成長〟と〝安定〟という二種類のパフォーマンスである。企業であれば、財務パフォーマンスについては年間少なくとも数パーセントの成長は確保するよう尽力すべきであり、これはレッドカーブを求めることと同義である。しかし、そのような成長を持続させるためには、同時に急成長によって安定性が損なわれないようにしなければいけない。つまりレッドカーブを達成するには、グリーンカーブの達成を必要とし、またその逆も真だということが、ますます明らかになってきたのだった。

「現在から将来にわたって儲け続ける」(『ザ・ゴール』で主張されている企業の目的)ためには、短期的に成長をもたらす行動だけでなく、長期にわたって企業の安定性を(危険にさらすのではなく)増大させる行動を慎重に選択することが不可欠である。この理解を正確に表現するために、企業の目的は「繁栄し続ける企業になること」という言葉に言い換えられることになった。これに伴い、繁栄し続けるという段階に至る道筋を詳しく示さなければならなかった。「集中」(やるべきことをやり、やるべきでないことをやらない)は、再び、私たちに従来の英知を再検証

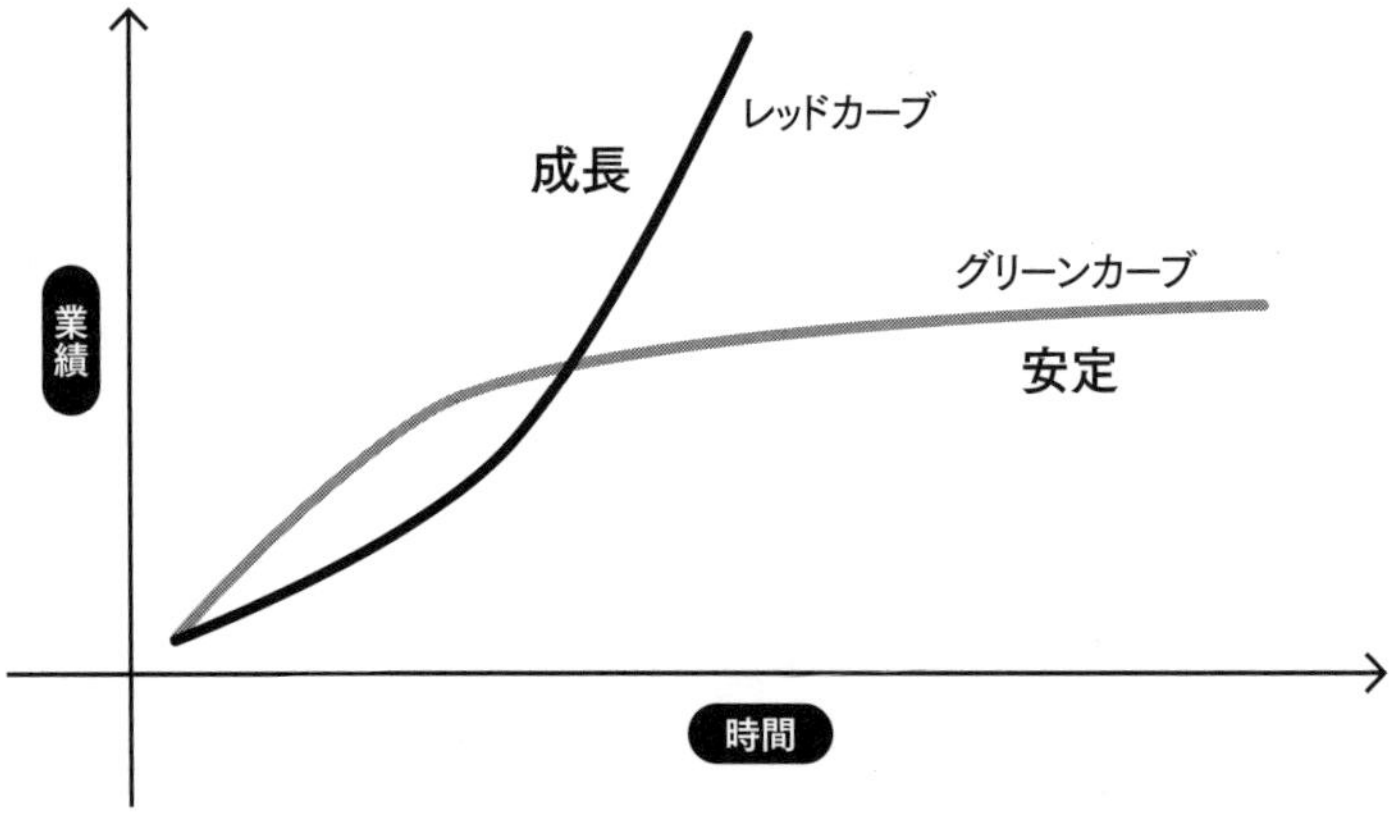

図◉——安定があってこそ、成長できる。成長があってこそ、安定がもたらされる

出典:ゴールドラット・コンサルティング

し重大な変化を加えるよう求めたのだった。

その当時（二〇〇二年）、五つの分野については、その道筋の構築に必要な詳しい知識はすでに十分に存在していた。受注生産（MTO）、在庫生産（MTS）、プロジェクト型、装置製造業、小売業・卸売業の五つの分野だ。しかしその知識は膨大で、新たに専門家を育成するには何年もかかってしまった。さらに厄介だったのは、特定の企業の改善に必要とされる知識を部分的に移管するのにさえ、多くの誤解を引き起こしてしまったことだった。膨大な知識体系を確実に移管する総合的なツールが必須とされたのだった。

戦略と戦術のツリー

――戦略とは「何のために？」という問いへの答え。戦術とは、「どのようにして？」という問いへの答え。

戦略と戦術のツリー（S&T：Strategy and Tactics Tree）は、思考プロセスのツールの中でも最もパワフルなツールであろう。形式的には、前提条件ツリーに取って代わるものであり、実用的には、それまでのツールによって得られたすべての知識のまとめ役である。戦略と戦術のツリーは、集中を可能にする論理体系そのものである。企業の戦略的目標からスタートして、どのような行動を（どのような順序で）実行すべきか、またどのような行動を実行すべきでないかを論理的に導き出すのである。

戦略と戦術のツリーは、ＴＯＣ導入に明瞭さをもたらした。マネジメント層のコミュニケーションを強化し、また異なるさまざまな部門間の同期も強化した。成果が得られるまでの時間は著しく短縮され、ＴＯＣ導入における一つの段階から次の段階への移行も比較的円滑に進められるようになった。これに劣らず重要なのは、戦略と戦術のツリーによってこの知識（前述の五つの分野での詳細な実施計画）を一般に公開することが可能になったことだ。二〇〇八年から〇九年に行なわれたウェブセミナー・シリーズを通して、公にされることとなった。

未開拓の分野

――パワフルな答えは、新たな実りある質問を育む。

いまなお、いくつかの重要な未開拓の分野からは、答えを求める悲痛な訴えが聞こえてくる。思うに、これは私たちがすばらしい科学者であろうとする限り、これからも同じだろう。これに関する私の考えは、過去二五年間、何ら変わっていない。そういうわけで、本稿を締めくくるにあたっては*The Goal*（原書）の初版の序文から、言葉をそのまま引用させてもらおう。締めの言葉としては、それがおそらくいちばん相応しいだろう。

すばらしい科学者になる秘訣は、脳力（知力）にあるのではない。脳なら誰でも持っている。我々はただ現実を直視して、その現実を論理的に、かつ正確に思考しなければならないだけなのである。肝心なのは、我々が見ているものと、導き出す結論と、実際に何が行なわれているかの間の矛盾を直視する勇気を持つことである。基礎となる仮定を疑うことが、ブレークスルーに必要なのである。理解の進歩には、世の中がどうなっていて、なぜそうなっているかの基礎となる仮定を疑うことが必要だ。我々が世の中とその原理をより理解することができれば、我々の人生はよりよいものとなるであろう。

“What is TOC? Introduction to TOC—My perspective”

第7章

ARTICLE

巨人の肩の上に立って

ヘンリー・フォードと大野耐一の生産革新

エリヤフ・ゴールドラット

2008

日本の産業界に衝撃を与えた『ザ・ゴール』の邦訳発行後七年。累計一三一万部となるシリーズの最新作『ザ・チョイス』邦訳の発行に合わせて、日々発展するTOCの最新論文をゴールドラット氏が執筆。世界に先駆けて本特集で初公開する。ヘンリー・フォード氏や大野耐一氏ら生産理論における〝巨人〟の考えを踏まえ、それを超えた理論を追究する意欲を込めたタイトルの本稿は不況突入のいま、格好の羅針盤になるだろう。

リーン生産方式が世界に広く知られるようになった理由が、トヨタ自動車の成功にあることは容易に確かめられる。

トヨタの成功は誰もが認める事実だ。いまやその自動車生産台数は、業界トップのゼネラルモーターズ（GM）に並び、利益も確実に上げている。最近五年間は、GMが赤字に苦しむ一方で、トヨタは売上高純利益率で業界平均を七〇％も上回る高い業績にある。

その成功はまさに、トヨタ生産方式（TPS）(注1)の賜物と言ってよいだろう。少なくともトヨタの経営幹部は、そう確信している。TPSを企業のDNAとして次の世代に継承する――これが、トヨタ経営陣の最大の使命だ。

トヨタが日本産業界のフラッグシップであることを考えれば、リーンは当然、日本で広く導入されていると予想されるだろう。しかし驚くべきことに、そうではない。日本の製造企業でリーンを用いている比率が二〇％にも満たない事実はよく知られている。なぜだろうか。

リーン導入の失敗要因は環境の違い

他の企業が導入を試みなかったわけではない。多くの企業が真剣に導入に取り組んできたのだが、失敗しているのだ。

日立ツールは、そうした会社の一つだ。同社がリーンの導入に失敗したのは、真剣に努力しなかったからではない。何度も繰り返し導入を試みたが、そのたびに生産パフォーマンスが低下し、従来の生産マネジメント方式に戻らざるを得なかったのだ。

同様に、日本の産業界の多くがリーンを導入しなかったのは、十分な知識が欠如していたからではない。トヨタは非常に寛容で、自らの知識を積極的に他社と共有してきた。ＴＰＳの知識を広く公開し、ライバルメーカーでさえ自らの工場に招いている。

日立ツールも他社と同じく、利用できる知識はすべて利用し、社外から専門家の支援を受けることにも躊躇しなかった。

なぜ、こうした企業がリーンの導入に失敗したのか。理由は簡単だ。日立ツールのような第三者的な立場の企業にとっては、もっともだと思われる理由だ。

多くの企業がリーンの導入に失敗したのは、生産環境に根本的な違いがあったからだ。大野耐一（トヨタ自動車元副社長）は、TPSを単なる理論、抽象的な概念として開発したのではなく、自社のための具体的な手段として開発している。であれば、大野が開発した強力な手法が根本的に異なる生産環境でうまく機能しないとしても、何ら不思議なことではない。

ただし、だからといって、大野の功績が、他の環境では高い価値を持たないというわけではない。実は、大野自身も、今日リーンをうまく導入できなくて悩んでいる企業と同じような状況に当時、直面していた。そのことが理解できれば、彼の非凡さがよくわかるはずだ。

当時、生産システムに革命をもたらしていたのは、ヘンリー・フォード（フォード・モーター創業者）の発明したフローライン（流れ作業）による生産方式だった。彼のシステムは、自動車の組み立てのみならず、飲料や弾薬といったまったく異なる産業においてさえも使われていた。

すでに当時においてさえ、フローラインを導入できるのは、また導入しなければいけないのは、特定の生産設備を専属にあてがうことが正当化されるほど単一製品の生産量が多い場合だけと考えられていた。生産量が少ない場合は、フローラインを用いようなどと考える者は誰もいなかったのだ。

しかし、一人だけ例外がいた。大野だった。大野は、フォード生産方式の背後にある本質的な概念は汎用性のあるものだと気づいたのである。それぞれの手法は特定の環境に限定されるものの、本質的な概念そのものは広く普遍的なものであると考えたのだった。

彼には、その普遍的な概念を出発点とする明確なビジョン、一つひとつの部品の生産に特定の設備を専属にあてがうことができないトヨタの環境にも適した手法を設計できる天才的な発想、そして、その手法を導入する際に発生する大きな障害を乗り越えることのできる粘り強さがあった。

その結果として生まれたのが、ＴＰＳだった。

正しい本質的な概念を用いることを控えたり、環境がまったく異なるところにうわべだけの手法を無理やり適用しようとしたりするよりも、大野の足跡をたどるほうが賢明である。

本稿では、以下の三点を提示していく。

①　サプライチェーンの根本的な概念――つまりリーン生産方式が依拠している概念

②　その概念に基づき、より広範な環境において適用可能な汎用的な手法

③ その手法を用いて達成された日立ツールの目覚ましい成果

ヘンリー・フォードのフローラインの革新

製造業は、ヘンリー・フォードと大野耐一という二人の偉大な思想家によって発展した。フォードは、フローラインを導入することにより大量生産に革命を起こした。大野は、フォードの考えをTPSというかたちでさらなるレベルに発展させ、〝在庫は資産ではなく負債だ〟という考えを産業界全体に理解させていった。

フォードの出発点は、効率生産の鍵は生産オペレーション全体を通してフローの改善に集中することにあるという考えにあった。そして、その努力により大成功を収めた。

鉄鉱石を掘り出し、五〇〇〇以上の部品で構成される自動車を完成し、列車に積み込んで出荷できるまでのリードタイムは、すでに一九二六年までに、八一時間に短縮されていた。(注2)八〇年以上を経た今日、それだけ短いリードタイムで、あるいはそれに近いリードタイムで自動車を作ることのできる会社は世界中どこにもない。

フローとは、生産システム中にある在庫が動くことを意味する。動いていない在庫はたまる。在庫がたまれば場所を取る。ゆえに、フローを改善しようと思えば、直感的に、在庫がたまるスペースを制限しようと考える。

よりよいフローを得るために、フォードは、仕掛品を置いておくために割り当てられた各ワークセンター（作業現場）間のスペースに制限を加えた。これが、フローラインの本質である。

それは、当時のフローラインには、在庫をあるワークセンターから次のワークセンターへ自動的に運ぶベルトコンベアのような機械的な手段がなかった、という事実からも検証できる。

フォード方式の大胆さは、仕掛品がたまるスペースを制限したことにより、そのスペースがいっぱいになった時に、そこに在庫を供給する先行のワークセンターの作業員が生産作業を停止しなければいけないというところにある。

つまり、フローを良好に保つために、フォードは局所的な能率という考え方を捨て去ったのだ。言い換えると、「効率を高めるためには作業員やワークセンターは常にフル稼働していなければいけない」という従来の考え方を真っ向から否定したのだ。

だが、作業員やワークセンターが常に働いていなければ、スループット（アウトプット）は下がってしまうのではないだろうかと危惧する者もいるだろう。もしフォードが、仕掛品がたまるスペースを制限することだけでよしとしていたのであれば、そうなっていたかもしれない。

しかしながら、在庫の滞留スペースの制限には、別の効果があった。ライン上の一つのワークセンターがしばらく作業を停止していると、じきにライン全体がストップしてしまう。つまり、仕掛品がたまるスペースを制限することで、ライン上に問題がある場合、どの部分がフローの妨げとなっているのかを発見しやすくしたのだ。

フォードはこの効果を利用して、ライン上でどこか作業が止まっている個所はないかと探し、あればそのような個所をなくすことでフローのバランスを向上していった。（注3）局所的な能率という考え方を廃止し、フローのバランスを改善させることで、スループットを飛躍的に向上させた。当時のどの自動車メーカーよりも高い、作業員一人当たりのスループットをフォードは達成したのだった。

要約すると、フォードのフローラインは、以下の四つの概念に基づいている。

① オペレーションの主要な目的は、フローを向上させること（あるいはリードタイムを短くすること）である

② この目的は、（過剰生産を防ぐため）いつ生産してはいけないのかを示す具体的な生

産メカニズムに変換されなければいけない

③ 局所的な効率は無視しなければいけない

④ フローをバランスさせるためには集中プロセスが不可欠である

スーパーの商品補充がヒント

フォードと同様、大野の基本的な目的はフローを向上させる、つまりリードタイムを短縮することにあった。これは、トヨタの活動への質問に対する彼の答えからも読み取れる。

「我々がしているのは、客から注文を受けた瞬間から、その代金を回収する時点までのタイムラインを見ることだけだ。そして、そのタイムラインを短くしているのである」(『トヨタ生産方式』大野耐一著、ダイヤモンド社[注4])

前述のフォードにおける二つ目の概念については、大野はそれをトヨタに適用するにあたって、大きな障害に直面した。特定の製品に対する需要が十分に多くある場合は、フォードのように、一つのラインをその製品の生産に特化させることは正当化できる。

しかし、当時の日本の市場は、さまざまな種類のクルマを少しずつ求める状況にあった。

このためトヨタでは、一つのラインを特定の製品、部品の生産に特化させることはできなかった。前述したように、このような状況に直面した場合、どんな企業もラインを使おうなどとは考えなかった。

だが、大野は簡単に諦めなかった。特定の製品、部品の生産にラインが特化していなくても、またワークセンターがさまざまな部品を作っていたとしても、何とかラインを使うことはできないかと考えたのだった。

問題は、仕掛品を置いておくワークセンター間のスペースを制限すると、ラインが止まってしまう危険性があることだった。仕掛品を置くスペースはいっぱいなのに(そこに部品を供給する手前のラインは作業を停止)、その一方で、製品の組み立てに必要なすべての部品が揃っていない(組み立てラインは作業を行なえない)状況が発生する危険性があったのだ。

大野はその解決方法を、米国のスーパーマーケットの様子について話を聞いた時に思いついたと述懐している(一九五六年、彼が訪米中にスーパーマーケットを実際に視察する前のことである)。彼は、スーパーマーケットもトヨタの生産ラインも、共に多くの種類の商品、製品に対応しなければいけないことに注目した。

スーパーマーケットでは、商品が通路に積まれて客の行き来を邪魔することはない。通常、商品は倉庫に保管されているのだ。それぞれの商品には、決められた陳列スペースが割り当てられていて、客がある商品を買うと、倉庫からその商品が陳列スペースに補充される。その様子を耳にして、大野は、トヨタの生産現場において、どういう時に生産作業を休まなければいけないのか、そのタイミングを教えてくれるメカニズムを思いついたのだった。

かんばん方式で仕掛品の数を制限

仕掛品の生産量を制限するのにワークセンター間のスペースを制限するのではなく、一つひとつの部品の仕掛品をどれだけ用意しておくのか、その数量自体を制限したのだった。この発想を基に、大野は「かんばん方式」を考案した。

かんばん方式については、これまでに多くの論文や本で記述されてきた。本稿では、大野の根本的な概念の本質について説明しよう。

各ワークセンター間に、(注5)また部品ごとに、どれだけの仕掛在庫を用意するのかを、大野は、コンテナの数と一コンテナに入れることのできる部品の数量を設けることで制限した。

コンテナには、他のメーカーでも行なっているように、そこに入る部品を示す紙も一緒に入れられる。たいていはカード（日本語では〝かんばん〟と呼ばれる）が使われるのだが、これには部品のコードネームと一コンテナ当たりの数量が明記されている。このカードが、従来とはまったく異なった方法で扱われた。

あるワークセンターがこのコンテナを一つ受け取って、その中の部品を使って作業をする場合、カードはそのままコンテナの中に残される。そして、空になったコンテナとカードが、そのワークセンターの一つ手前のワークセンターに戻される。

手前のワークセンターは、これを受け取ることで、一つのコンテナの中の部品が消費されたことや、仕掛在庫を補充しなければいけないことを知る。その場合にのみ、ワークセンターは、カードに記載された部品を一コンテナ分だけ生産することを許される。要するに、かんばん方式によって、何をいつ作るべきかが指示されるのだ。

それ以上に重要なのは、何をいつ作ってはいけないのかが指示されるということだ。カードがなければ作ってはいけない。かんばん方式は生産現場に、いつ作ってはいけないのかを示す、つまり、過剰生産を防ぐための、まさに実用的なメカニズムだったのだ。大野はフォードの概念を、スペースから在庫へとメカニズムのベースを変えることにより、フォードの概念を発展させることに成功した。

フローの概念を最優先させるには、必然的に局所的な効率は無視しなければいけなくなる。大野もこの点を自著で繰り返し指摘しており、「いますぐ必要とされていない製品を一生懸命に作れと作業員に激励するのは無意味である」と強調している。それゆえに、トヨタ以外

では、ＴＰＳは当初ジャスト・イン・タイムの呼称で広く知られるようになったのだろう。（注6）
いつ生産すべきでないかを導くかんばん方式が現場に導入されると、スループットは一時的に大きく減少し、その結果、フローをバランスさせるために極めて大きな努力が必要となる。
大野が直面した問題は、フォードが直面したものよりはるかに大きなものであった。これがいかに大変なものであったかは、彼が直面した数ある問題の中から一つ例を取り上げてみるだけで十分理解できる。

在庫水準を下げると見えてくる課題

生産ラインは特定の部品や製品の製造に特化されているわけではないため、大野の方式では、ある製品から別の製品へとワークセンターの作業を頻繁に切り替えなければいけなかった。

そうした場合、ほとんどのワークセンターでは、作業を切り替えるたびの〝段取り〟に時間を割かなければいけなかった。

しかも、一つのコンテナで求められる部品は比較的少量で、しばしば愚かとも思えるほど、少数の部品を生産するために、わざわざ時間をかけて段取り替えをしなければいけなかった。

当初、多くのワークセンターでは、段取り替えの作業にかかる時間のほうが、実際の生産作業にかかる時間よりも長く、その結果、スループットは大きく落ち込んでしまっていた。当時、大野が大きな抵抗に遭ったのもうなずける。

事実、一九四〇年代後半から六〇年代前半にかけて、その生産システムは「忌まわしき大野方式」と呼ばれていたと大野は記している。(注7) 製造現場のスタッフのほとんどがそう思っていたに違いなく、局所的見地からは、大野の考えたシステムはまったく道理にかなっていなかった。

それでも、大野は断固として譲らず、大いなる決意とビジョンを持って、自らのシステムの導入を推し進めていった。

大野は、段取り替えの問題を克服するために、新たな道を切り開かなければいけなかった。当時、またTPSが世界的に知られるようになるまで、バッチサイズ（編注：一括仕事処理の規模）を大きくするというのが伝統的な手法であった。「経済的なバッチ数量」というようなタイトルで、論文も数多く書かれている。(注8)

しかし、大野はその知識体系すべてを無視した。「経済的な」数量を用いてしまうと、リードタイム短縮という探求の道が閉ざされてしまうからだった。

彼は、従来の段取りを見直し、その方法を替えれば、段取りに要する時間を劇的に減らすことができるはずと主張した。そして、新しい手法の開発および導入努力の先頭に立った。その結果、トヨタでは、段取り時間がほんの数分にまで大きく短縮された。（注9）だから今日、リーンが、小バッチと段取り時間短縮のための技法と強く結びつけられているのは当然のことなのだ。

だが、フローをバランスさせることは、段取りの障害に対処することよりもはるかに多くの努力を必要とした。

特定の部品の生産に特化していたワークセンターなどほとんどなかったため、ラインの流れに障害が生じた場合、目で観察しただけでは、何が本当の原因なのか見極めることはほぼ不可能だった。

改善すべきことが山ほどあったし、集中してプロセス改善の努力を行なう何らかの方法がなければ、フローをバランスさせられるようになるまでに、途方もなく長い時間がかかることも、大野は承知していた。

かんばん方式は、打開策を与えた。どのような方法だったのかを理解するには、リーンを石と水に喩えるとわかりやすい。水位は在庫水準、石はフローを阻害する問題に喩えられる。川底には多くの石があり、それらを取り除くためには時間と労力がいる。問題は、どの石を取り除かなければいけないかということだ。その答えは、水位を下げれば得られる。つまり、水面から現れる石が、取り除かれるべき石なのである。

〝五つのなぜ〟で根本原因を探す

かんばん方式の導入にあたり大野は、妥当なスループットを得るために、コンテナの数やコンテナ一つ当たりの部品の数量を一気に減らしたのではない。コンテナの数も、コンテナに入れる部品の数量も少し多めから始めた。そして、徐々にその数と数量を減らしていったのだ。

フローに障害が発生しなければ、さらに両者の数と数量を減らし続けていった。フローが妨げられたところで、〝五つのなぜ〟（編注：問題に直面したら「なぜ、そうなるのか」を五回追究するトヨタの企業文化）を使って、何が根本的な原因かを正確に探し当てたのだった。その問題を解決してから、さらに数量を減らしていった。時間はかかったが、結果として、生産性は目覚ましく向上していった。

この二〇年間、他のどの自動車メーカーも、ある種のトヨタ方式を導入し、大きな成果を上げてきた。しかしながら、トヨタと同じくらい生産性の高い会社はない。このことから、局所的な改善努力に集中する方法を正しく選ぶことがどれだけ重要なのかがわかる。

残念なことに、他社はフローの改善に集中するよりも、コスト削減ばかりに目がいっており、改善努力が誤った方向に導かれている。

大野が、段取り時間短縮のために努力を惜しまなかったのは、コスト削減のためではない。コスト削減が目的であったなら、繰り返しバッチサイズを小さくしたり、段取り替えの回数を増やしたりで貴重な時間をムダにはしなかったはずだ。わずかなコスト削減のために、不良部品の数を減らす努力をしたわけでもない。不良部品が原因でラインの流れに大きな支障が起きるのをなくすために、不良部品の数を減らそうとしたのだ。

また、コストの二大要因である材料費や従業員の給与についても、サプライヤーから低価格で材料を買い叩こうとしたり、従業員の賃金をカットしたりすることもしなかった。彼はフローを向上させることに全精力を注いだ。

ここで重要なのは、フローに集中し、局所的なコストを無視することで、結果的に、製品一つ当たりのコストもずっと下がっていくということだ。局所的な効率を無視した結果、労働力の効率が大きく向上するのと同じである。

もしこれが奇妙だと言う方がいるのであれば、その方は、コスト削減に集中するのではなく、スループットの向上に集中するようオペレーションを導くことの概念上の違いを、まだよく理解できていないのだろう。

コスト削減ばかりに集中していると、一生懸命に継続的改善を行なおうとしても、その努力はどれもすぐに収穫逓減の限界に達してしまい、単なるリップサービスに終わってしまう。この問題はあまりに広範で、かつ、非常に重要な問題であるため、本稿ですべてを論じることはできない。

以上を要約すると、大野はフォードによる四つの概念を踏襲していることになる（以下、これらをサプライチェーンの概念と呼ぶことにする）。

① オペレーションの主要な目的は、フローを向上させること（あるいはリードタイムを短くすること）である

② この目的は、（過剰生産を防ぐため）いつ生産してはいけないのかを示す具体的な生産メカニズムに変換されなければいけない。その手段として、フォードはスペースを、大野は在庫を使った

③ 局所的な効率は無視しなければいけない

④ フローをバランスさせるためには集中プロセスが不可欠である。フォードは直接目で生産現場を観察する方法を用い、大野はコンテナの数の減り具合、さらにコンテナ当た

りの部品の減り具合を用いた

ＴＰＳの限界――異なる環境での機能

リーン開発において大野が取ったアプローチは、重要な考え方を示している。つまり、手法と、その手法にある根本的な概念には違いがあるということだ。

根本的な概念は汎用的なものだが、手法はその概念を特定の環境に合わせて変換させたものである。これまで見てきたように、その変換作業は決して容易なものではなく、いくつもの解決要素を必要とする。

忘れてならないのは、手法は、適用する環境について、さまざまな前提（時として隠れた前提）を置いているということだ。その前提が有効でない環境においては、その手法がうまく機能することは期待できない。

つまり時間をかけても、こうした前提を明確にしておくことで、ムダに多くの労力を費やしたりフラストレーションを感じたりする必要はなくなるのだ。

ＴＰＳにとって最も重要な前提は、生産環境が安定しているということだ。そこでは、三つの異なる安定性が求められている。

第一の安定性は、適切な環境が選ばれ、最高の専門家の下で導入作業が行なわれたとしても、リーンを導入するには非常に多くの時間を要することが理解できれば、自ずと明らかになってくる。

ジェフリー・K・ライカー教授が著書『ザ・トヨタウェイ』において指摘したように、TSSC（トヨタが米国の企業にTPSを教育するために設立した組織）がリーン導入を指導しても、その作業には、一つの生産ライン当たり最低六〜九か月もの時間を要する。(注10)どのような生産環境でもフローには多くの障害が存在し得ることと、目標とする低い在庫レベルに近づいてきた時のかんばん方式がどれだけ過敏になるかを知る者にとっては、六〜九か月と聞いてもそう驚くことではないだろう。

かんばん方式は導入するのに時間がかかる。だから、その前提は環境が比較的安定していなければいけないということになる。つまり生産プロセスと製品が長期にわたって、著しく変化しないということがかんばん方式の前提となっているのだ。

トヨタは、比較的安定した環境にある。自動車業界では、製品は年に一度モデルチェンジが行なわれるが、部品はその大半が、モデルが変わっても同じものが使われるからだ。

これは他の多くの産業とは異なる。例えば電子機器産業では、多くの製品の寿命は半年以下である。こうした製品と生産プロセスの不安定さは、他の多くの産業でもある程度見られる。

日立ツールの場合は、切削工具を作っており、切削工具は本来、比較的安定した類いの製品である。しかし厳しい競争のため、六か月ごとに新しい技術を用いた新製品を市場に投入しなければいけない。そのような環境でリーンを導入するのは果てしのない仕事になる。

ＴＰＳが求める二つ目の安定性は、一つひとつの製品の需要が長期的に安定しているということだ。

例えば、ある製品の生産リードタイムが二週間で、その製品の需要が平均して１四半期当たりたった一個というような非常に散発的な場合を考えてみよう。この場合、この製品の仕掛在庫が発生するのは四半期中、たったの二週間だけで、それ以外の期間は、製造現場に仕掛品は存在しない。

しかし、リーンではそのようなことにはならない。リーンでは、各ワークセンター間に、必要な製品を格納したコンテナが常時用意されていなければいけないからだ。

日立ツールの場合、二万種類以上のＳＫＵ（在庫保管単位）を生産している。ほとんどの需要は散発的だ。すべてのＳＫＵについて、各ワークセンター間に在庫を常時、用意しておくことは、日立ツールの場合、今日の在庫レベルをはるかに上回る数量の仕掛品を持たなくてはいけないことを意味する。これは、明らかに大野の手法には不向きな環境と言える。そして三つ目、TPSが求める最大の安定性は、リソース（機械などの経営資源）に対する負荷の安定だ。顧客から製品を受注すると、生産工程のリソースにはさまざまな負荷がかかる。そのトータルの負荷が安定していることが求められるのだ。

例えば、実際に多くの企業においてそうであるように、顧客からは注文が散発的にしか入ってこないとしよう。今週、特定のワークセンターに課される負荷は、そのキャパシティを大きく下回ったとしても、翌週は、キャパシティを上回るということはよくあることだ。

このような場合、不必要に製品を早めに作ることをよしとしないかんばん方式では翌週、納期どおりに製品を顧客に納入することはできなくなる。

確かに、トヨタの場合、顧客からの注文は比較的安定しているかもしれないが、それでも、毎月の注文量が著しく変動しないような受注方法、つまり常に納期を遵守できる方法を確立しなければいけなかった。もちろん、普通の会社は、顧客に対し、そのように自分にとって都合のいい条件を押し付けることなどかなわないだろう。

ここで重要なのは、求められる安定性が、生産現場の改善努力の範囲を超えているということだ。三つの安定性すべてが、製品の設計方法や販売方法にかかわるもので、生産方法にかかわるものではない。残念なことに、多くの企業はこれら三つの安定性のうち、少なくともどれか一つを欠いている。

しかしだからといって、リーンにおける前提が有効でない環境では、リーンをまったく使えない、部分的にでも使えないということにはならない（例えば、U字型のセル生産は多くの環境において有用になり得るし、段取り時間短縮のための技法は、ほとんどすべての環境で用いることができる）。

ただ、そのような環境では、トヨタを現在のトヨタにならしめたのと同じような大きな成果は期待すべきではないだろう。コスト削減を進めながら、リーンをほんの部分的に取り入れるだけでは、リーンを実践していると見なすことはできない。

不安定な環境でのフロー改善の効果

フォードと大野は、より優れたフロー、つまりリードタイムを短縮することが、より効果的なオペレーションをもたらすという事実に我々の目を開かせてくれた。安定した環境において、実際にそれを示してくれたのだ。

では、不安定な環境においてはどうだろうか。不安定な環境においてフローが改善された場合、いったいどのような影響が考えられるのだろうか。

まず一つ目の不安定さは、製品寿命が短いことによる不安定さだ。製品寿命が短い場合、過剰生産すると製品や部品が陳腐化してしまう危険性がある。さらに製品寿命が短い場合、リードタイムが長いと、市場の需要を逸してしまうことにもつながる。

例えば製品寿命が約六か月で、生産リードタイムが二か月だとしてみよう。リードタイムが長いと、需要の少なさのためではなく、その長いリードタイムの期間中、生産が需要を満たすことができないために潜在的な売上げが失われてしまうのだ。

二つ目の不安定さは、個々の製品に対する需要の不安定さだ。SKUの数が非常に多くて、各SKUに対する需要が散発的な環境によく見られるのは、在庫で需要を満たそうとするやり方だ。ただし、このやり方では、回転数の極めて低い完成品の在庫をたくさん用意しておく必要があり、また欠品の頻度も高くなってしまう。

しかし、こうした環境は、生産現場のフローを大きく向上できる確固とした生産システムを導入することによって、劇的な改善を期待することができる。

三つ目の不安定さは、トータルな負荷の不安定さだ。この不安定さに苦しむ環境は、実は、フローが向上することで得られるものが最も大きい環境である。

さまざまなリソースに対して、一時的に負荷が過剰状態になると、たいていの場合、会社の納期遵守率は低下（九〇％以下）する。その結果、もう少し生産能力を増やそうと考えてしまう。

経験則から言うと、フローを劇的に改善できれば、納期遵守率が向上するだけではなく（九〇％台後半）、生産能力にも実は余剰があることが、時として五〇％もの余剰があることが明らかになってくる。(注11)

大野は、フォードが考案した概念が単一の製品の大量生産に限られるものではないことを示してくれた。より汎用的な環境にこれらの概念を適用するために、越えなければいけない障害は当初、とてつもなく大きなもののように思えたが、大野はその非凡さと粘り強さによって、それが不可能でないことだけではなく、その方法さえも示してくれた。

ここまでで、我々は以下のことが理解できたことになる。

① ＴＰＳの適用は比較的安定した環境が前提となる
② 多くの環境は、不安定さに苦しんでいる
③ 比較的不安定な環境のほうが、フローの改善によって得られるものは、安定した環境よりもずっと大きい

ここまで理解できれば、大野の足跡をたどってみるべきだろう。サプライチェーンの概念に立ち戻り、そこから、比較的不安定な環境に適した効果的な手法を導き出すべきではないだろうか。

過剰生産を制限する時間ベースの手法

過剰生産を制限するためのメカニズムとして、直感的に思いつくのは、スペースや在庫量ではなく時間をベースとした方法だろう。早く作りすぎることを防ぎたいのであれば、その作業に必要な材料を投入しなければいいのだ。時間をベースにする方法は、直感的なばかりではなく、つまり現場にとって受け入れやすいばかりではなく、フローの混乱に対してそれほど敏感ではないために、不安定な環境に適しているというメリットがある。

時間をベースとしたメカニズムの堅牢さは、ワークセンター間の仕事量を制限するのではなく、システム全体の仕事量を直接制限することから生じる。フローラインやかんばん方式では、ワークセンター間の仕掛在庫は最低限（通常、一時間分の作業量よりずっと少ない）にまで制限される。

このため、あるワークセンターがしばらくの間ダウンしてしまうと、その下流にあるワークセンターは作業が流れてこないため仕事がなくなる。また、上流に位置するワークセンターも、下流が詰まっているため作業を中断しなければならない。

このようにして各ワークセンターによってムダに費やされた時間が総合計で、それぞれの余剰能力を上回る場合、会社全体のスループットは下がってしまう。

フローラインとかんばん方式のフローに対する敏感さは、一つのワークセンターで発生した障害が、その前後のワークセンターのキャパシティをも消費してしまうことから生じる。

しかし、このような現象は時間をベースとしたシステムには、ほとんど存在しない。なぜなら、いったん現場に投入された作業は、人為的に制限されることがないからだ。

時間をベースとしたシステムを用いる際に難しいのは、一つひとつの注文の納期に合わせて、逆算して必要な原材料を投入するタイミングを計らなければいけないことだ。いったい、どのようにして、そのタイミングを計算すればいいのだろうか。

コンピュータが産業界に現れた時（六〇年代前半）、ついにそのタイミングを計るための膨大な計算を処理してくれる適切なツールを得たと思った。一〇年間で、世界中の多くの企業において、そのためのコンピュータプログラムが数多く開発された。

しかし、残念ながら、期待されたほどの優れたフロー、少ない仕掛品といった成果は実現されなかった。

問題は、原材料が完成品へと加工され、顧客に製品を届ける準備ができるまでに要する時間は、実は、実際の加工処理時間よりも、むしろキュータイム（処理待ち時間。リソースが他の注文を処理している間、そのリソースの前で待機している時間、あるいは組み立てラインの前で、製品の組み立てに必要な他の部品が到着するのを待っている時間）に大きく左右されているということだ。

プロセスラインやかんばん方式を用いている企業を除き、ほとんどすべての生産オペレーションにおいては、一つのバッチ処理に要する時間は、そのリードタイムのほんの一〇％程度というのは、よく知られていることだ。

つまり、いつ原材料を投入するかの決定が、どこにどれだけの長さのキューをつくるのかを決めることになり、それは注文を完成させるのに必要な時間を決定し、そしてそれがまた、いつ原材料を投入するかを決めることになる。要するに、ニワトリと卵の問題に直面していたのだ。

ジャスト・イン・タイムの原材料の投入

一九七〇年代になると、この問題は繰り返しの手続き（閉ループMRP〈Material Requirements Planning〉）により対応すべきだと示唆された。つまりコンピュータシステムを走らせて、さまざまなリソースに対する過剰負荷（キューの長さ）をチェックし、過剰負荷を取り除くために納期を調整する。そして大きな過剰負荷すべてが取り除かれるまで、このプロセスを繰り返すのである。

しかし、この考え方は、そう長くは続かなかった。そのような方法では、プロセスが収束しないことが経験的に明らかになったからだ。結局いくら計算を繰り返し行なったところで、過剰負荷は、ある一つのワークセンターから別のワークセンターへと移動するだけだったのだ。

この結果、七〇年代にはすでに、コンピュータシステムは、現場に原材料を投入するタイミングを正確に導くツールとしてではなく、むしろ、サプライヤーに発注する原材料の数量（および発注のタイミング）について有用な情報を得るツールとして限定的に使用されるようになった。それがMRPである。（注12）まさにその活用方法を反映した呼称である。

こうして多大な努力が払われたにもかかわらず、いつ生産してはいけないのかを明確に示してくれる、時間をベースにした実用的なメカニズムは生み出されることはなかった。

しかし、だからといって、不安定な環境――顧客からの散発的な注文に対して納期を遵守しなければいけないような環境において、そうした時間をベースにしたメカニズムが絶対に開発不可能ということにはならない。

また、実用的なメカニズムのベースとして、時間を使う試みも諦めるべきではない。むしろ、膨大な量の計算を通して、そのようなメカニズムを開発しようとするアプローチに対する警告としてとらえるべきなのだ。必要なのは、もっと大局的な見方をしたアプローチなのである。

サプライチェーンの概念に従って、基本に戻ってみよう。目的はフローを改善することであり、リードタイムを短縮することである。いつ生産すべきでないか、そのタイミングを計るメカニズムのベースとしてスペースや在庫ではなく時間を用いる。このためには、納期の少し前に、適度に短い時間的余裕を持って、つまりジャスト・イン・タイムに原材料を投入することが必要となる。

では、ジャスト・イン・タイムとはいったいどういう意味だろうか。ジャスト・イン・タイムという言葉は、リーンにおいて鍵となる概念であるにもかかわらず、その使い方は象徴的であって決して定量的なものではない。

当たり前のことだが、ジャスト・イン・タイムとは、いま処理されたばかりの部品が一秒後、一分後もしくは一時間後、すぐに搬出ドックになければいけないということを意味するのではない。

実際、かんばん方式であっても、部品がすべて収納されたコンテナがワークセンター間に常に待機しているという事実からも推定できるように、作られた部品が次の瞬間、すぐに次のワークセンターで処理されるわけではない。

となると、どの程度の時間的間隔をもって、我々はジャスト・イン・タイムと見なすことができるのだろうか。もっと明確にしてみよう。原材料の投入を制限することによって過剰生産を防ぐには納期の手前どれくらいの時間的余裕を持って材料を投入すべきなのだろうか。

合理的な答えを出す一つの方法は、まずとりあえず時間を決めてみて、その結果、すべての納期を遵守するためにマネジメントの注意がどれだけ必要になるのか、その程度を検証してみる方法だ。

例えば、納期の直前に、実際の加工処理時間ちょうどしか余裕を持たせないで、原材料を投入した場合を考えてみよう。そのような場合、マネジメントには多大な注意が求められ、オペレーションを常に厳しくチェックしなければならない。いかなる作業のいかなる遅れであっても、またワークセンター間の部品の移動にいかなる遅れが生じたとしても、納期遅れにつながってしまうからである。

さらには、部品が加工処理されるために待機しているだけでも納期遅れとなるため、キューがいっさい発生しないように緻密なスケジューリングも必要になる。

これはどう考えても、現実的な選択とは言えない。無限大にマネジメントの注意を喚起したとしても、すべての納期を遵守することは不可能だろう。となると、もう少し多めの時間的余裕が必要ということになる。納期前、材料を投入する時間的間隔のことを「タイムバッファ」と呼ぶのは、この安全余裕を含まなければいけない必要性のためだ。

タイムバッファを長くすればリードタイムが長くなり、仕掛品の増加も招くが、タイムバッファが長ければ、その分、安全余裕が増えることを意味するので、求められるマネジメントの注意はより少なくてすみ、納期遵守率を向上させることができる。

目指すべきはバッチサイズ＝一部品

タイムバッファが比較的短い間は、確かにそのとおりなのだが、タイムバッファが長くなりすぎると、今度はまた別の厄介な問題が現れてくる。

タイムバッファを長くすればするほど、材料が投入されるタイミングが早まり、生産現場は複数かつ多くの注文の作業を同時進行しなければいけなくなる。つまり、交通渋滞が発生するのだ。渋滞がひどくなると、今度は、どの作業を優先させなければいけないのか、その優先順位を決めるために、またマネジメントの注意が必要となってくる。

次ページの図1は、タイムバッファの長さによって、どれだけマネジメントの注意が必要とされるのか、その関係を示したグラフである。

フォード方式あるいは大野方式のシステムを導入したオペレーションの平均的リードタイムは、実際の加工処理時間のほんの数倍程度の長さであるため、マネジメントは現場の作業員に対して、いまどの作業を優先しなければいけないのか、ほとんど注意をする必要はない。このグラフで言うと、低い部分の左側に当たる。

一方、フォード方式や大野方式ではなく、もっと従来的な方法を用いているオペレーションはどうだろうか。グラフのどこに当たるのだろうか。

すでに述べたように、従来の工場では、部品が実際にバッチ処理されている時間は、リードタイムのわずか約一〇％でしかない。残りの約九〇％の時間はリソースが空くのを順番待ちしているか、もしくは組み立てラインの前で他の部品が到着するのを待っているのだ。

我々がフォード、さらに大野から学んだのは、与えられているバッチサイズを当たり前のものとして受け入れてはいけないということだ。

経済的バッチ量は、実は経済的ではなく、むしろ「バッチサイズ＝部品一個」を目指して励むべきなのだ。そしてそれは可能だ。

そういう見方をすると、あるバッチが加工処理されている時も（混合や乾燥は除く）、実は、その中の一つの部品が加工処理されている間は、残りの部品は待機しているだけということにも容易に気づくことができる。

　つまり、バッチサイズが部品一〇個以上といった従来の生産オペレーションの場合、実際の部品の加工処理時間はリードタイムのわずか一％未満ということになる。

　こうした生産オペレーションの特徴として挙げられるのが、作業の優先順位づけである。「緊急」「超緊急」あるいは「他をすべて止めていますぐやる」といった具合に作業に優先順位をつけていくのだ。こんな優先順位づけを行なっている企業が、図1のグラフの右側上向きの部分に位置していることは明らかだ。

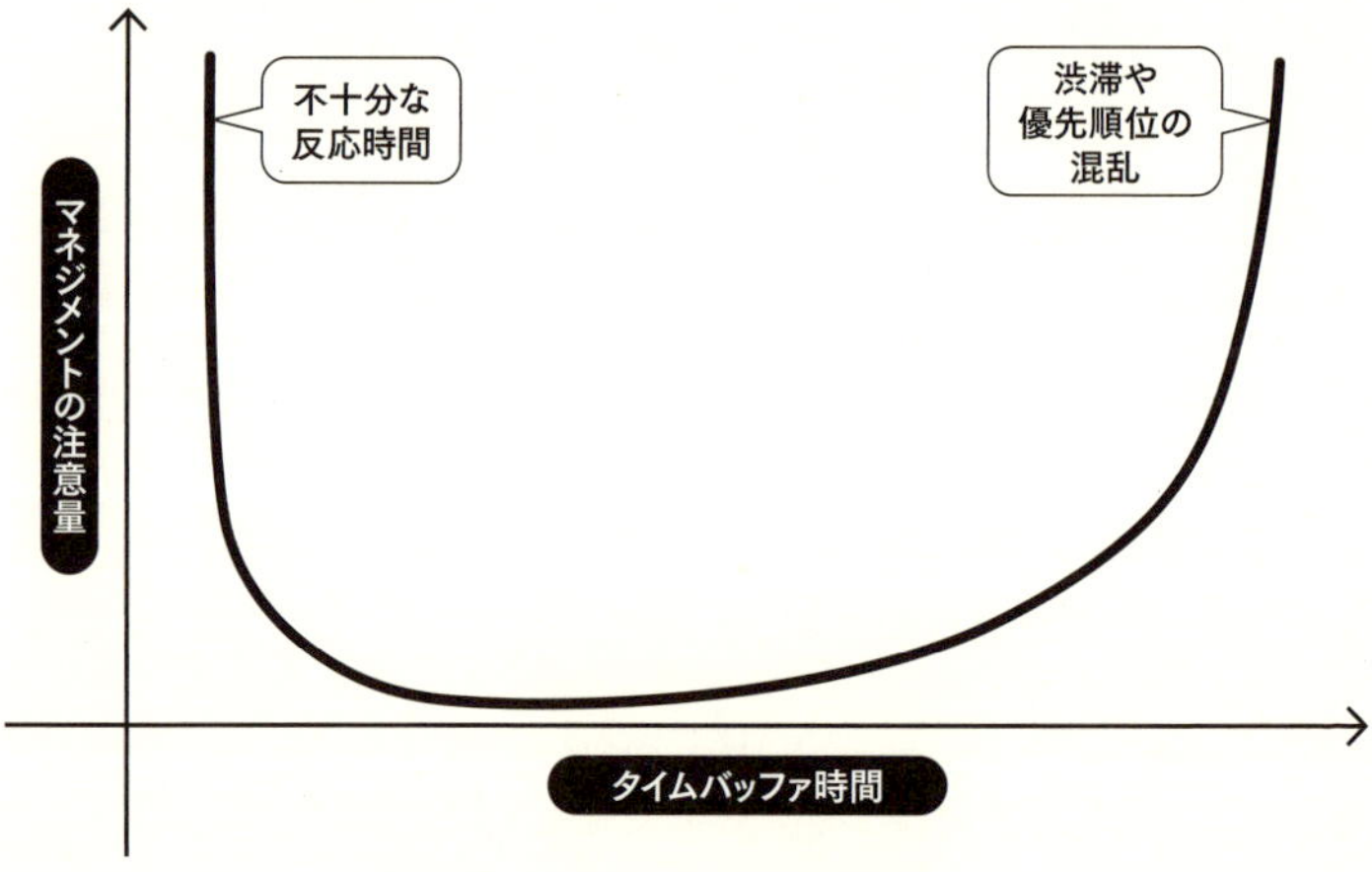

図1◉――タイムバッファ時間とマネジメントの注意量の関係

フロー改善の出発点はどこに

右側上向きの部分に位置しているということは「二重ロス」の状況にあることを意味する。実際の加工処理時間と比較してリードタイムは非常に長く、在庫も多く、そして大概においてマネジメントが多大の注意を払っているにもかかわらず、納期遵守率は九〇％以下といった非常にお粗末な状態なのだ。短いタイムバッファを選び、グラフの下部の平らな部分に移動すれば、状況は驚くほど向上するはずなのに、従来型の企業のほとんどが、「二重ロス」の状況にいるのはなぜだろうか。

その答えは、フォードと大野が与えてくれた。彼らは自らの仕事を通じて、従来の考え方とは対照的に、常にすべてのリソースをフル稼働させることは、効果的なオペレーションにつながらないということをはっきりと示したのだ。

つまり効果的なオペレーションを達成するためには、局所的な効率は無視しなければいけない。

これに対して、従来の企業は、まさにすべてのリソースを常にフル稼働させることに一生懸命になっている。例えば、上流のリソースがボトルネックでない場合（ほとんどの環境においてそうなのだが）、その下流に位置するワークセンターではしばしば作業することがなくなってしまうことがある。これを防ぐため、納期がまだかなり先の注文や、さらにはまだ実際に受けていない注文の分まで予想に基づいて原材料を投入してしまう。

その結果、当然のことながら、キューはどんどん長くなってしまう。キューが長くなれば、納期どおりに納入できなくなる注文も出てくる。すると、それを防ぐために、もっと早く材料を投入しなくてはいけないと解釈してしまう。そして、生産能力が不足しているとも解釈してしまう。そのような誤った解釈が、どれだけ企業をグラフの右上に持ち上げてしまうかは想像するに難くない。

では、フローの改善努力はどこから始めたらよいのだろうか。出発点としては、タイムバッファを現在のリードタイムの半分程度に設定してみるといいだろう。そうするだけで、グラフの平らな部分のいずれかの場所に位置することができる。

最初から最適なポイントを探し求めようとしても、それは時間のムダだ。とりあえずタイムバッファを現在のリードタイムの半分にするだけでも、すぐに大きな効果が得られるのだから、みすみすそれを先延ばしすることはない。そうしたうえで、フローのバランスを改善する努力をすれば、自然とグラフの形も変わってくるのだ。

材料投入を納期からタイムバッファ分（現在のリードタイムの半分）さかのぼった時点ま

で抑えれば、納期遵守率は飛躍的に向上し、リードタイムは現在の半分にまで短縮する。その結果、余分な在庫はなくなり、仕掛在庫は現在の半分のレベルまで下がるだろう。

「こんなことで、納期遵守率が九〇％台後半まで一気に向上するのか」と思われるかもしれない。

しかし、現実を見てほしい。生産現場は多くの注文に同時に対応しなければならず、リソースの前にはキューがあちこちに発生している。いったい、いつになったら順番が回ってくるのか運任せにしているだけでは納期など守れるはずがない。適正な優先順位づけのシステムが必要なのである。

だが、優先順位づけのシステムが必要だからといって、なにも複雑なアルゴリズムを使う必要があるなどと言っているわけではない。単純なことだが、入ってくる注文の数は常に変化し、一つひとつの注文はどれも仕事の内容が異なり、そしてキューの長さも変化し続ける。そしてもちろん、生産工程上の混乱やトラブルがなくなることはない。要は、生産オペレーションとは非常にバラツキの多い環境だということなのだ。

必要以上の追求は事態を悪化させる

シューハートが物理学から生産に持ち込んだ教訓、デミングが世界的に知らしめた教訓は、ノイズ以上の正確さを追求すること（我々のケースでは、非常にバラツキの大きい環境の中で、ありとあらゆるパラメーターをすべて考慮するような複雑なアルゴリズムを利用しようとすること）は、事態を改善するどころか、かえって悪化させるということだ。そんなことをしたら、納期遵守率は逆に低下してしまうのだ。

タイムバッファは、リードタイムの半分であっても、なお実際の加工処理時間よりはずっと長い。しかしそれでも、たいした障害を受けることなく渋滞を劇的に減少させることができる。多くの注文がタイムバッファの三分の一以内の時間で、そしてほとんどの注文は三分の二以内の時間で完了させることができるのだ。こうした認識に基づけば、優先順位づけはバッファマネジメントによって行なうことができる。

つまり、バッチごとに、材料を投入してからの経過時間を監視するのだ。経過時間が、タイムバッファの三分の一未満であれば、優先順位は緑色、三分の一以上三分の二未満であれば黄色、三分の二以上であれば赤色、納期が過ぎてしまったものは黒色といった具合にする。

優先順位は、赤よりも黒、黄よりも赤となる。同じ色のバッチが二つあっても、どちらを先に作業するのか無理して決める必要はない。先述のとおり、ノイズ以上の正確さを求めても意味がないのだ。

こうしたシステムの導入は、比較的容易に行なえる。第一段階では、とりあえず物理的な変更はいっさい必要としない。単に、納期からリードタイムの半分だけさかのぼった時点まで材料の投入を抑え、カラーコードによる優先順位システムに従って現場が動くように指導すればいいのだ。労力に比べ、その効果は極めて大きい。

その効果の大きさと即効性は、次ページの図２を見てもらえばわかるはずだ。図２は、何千種類もの金属製キッチン用品を製造する従業員二〇〇〇人の工場の、納期遅れの比率を表した実際のデータだ。

もちろん、局所的な効率は無視しなければいけない。さもなければ、材料を早めに投入しなければいけないというプレッシャーが働いてしまうからだ。現場の作業員がすぐに効果を実感できる即効性があれば、ほとんど抵抗なく導入を進めることができることは経験上証明されている。

しかし、どのような環境においてもほとんどの場合、納期に遅れる注文は出てくる。それでも、改善できる余地はまだまだ残っている。そこで、前述の第四の概念――フローをバランスさせるための集中プロセスが不可欠――も、実用的なメカニズムに変換する必要がある。

フローをバランスさせる第一のステップは比較的容易である。材料の投入を抑えることにより、これまで隠されていた豊富な余剰生産能力が現れてくる。

ただし、ワークセンター間にも余剰生産能力に差があって、他のワークセンターよりキャパシティが少ないところもある。このようなワークセンターは、処理待ちの仕掛在庫がたまっている、つまりキューが発生しているために簡単に識別することができる。

これらのワークセンターには、昼休みやシフトの交代時も休むことなく作業を続けさせたり、たとえ効率が悪くても、キャパシティ

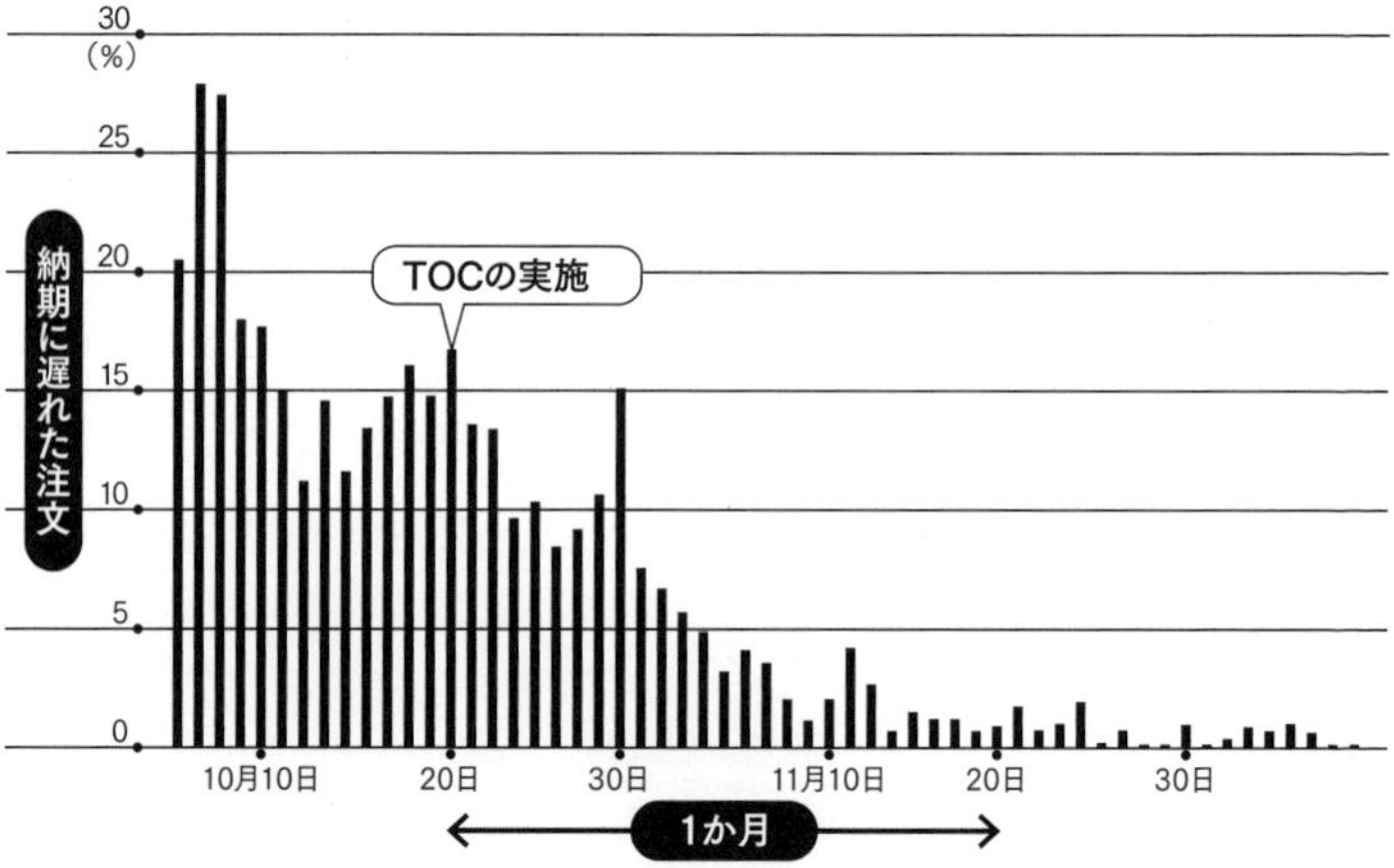

図2◉――キッチン用品工場の納期遅れ比率の推移

が十分余っている他のワークセンターに作業を振り分けて負荷を減らしたりなどの措置を取ることができる。

局所的な効率追求を廃止することで、キャパシティを高めるこうした手段も浮かんでくるのだ。(注13)

こうした手段を取れば、キューが発生しているワークセンターに対して効果的にキャパシティを補強できるため、キューは短くなり、カラーコードが赤色の注文も減っていく。つまり、タイムバッファがまだ長すぎるということなのだ。

であれば、タイムバッファをさらに調節しなければいけないが、せっかく高くなった納期遵守率をまた下げるようなリスクは冒してはいけない。

そのためのガイドラインは、すでにラインに投入され作業が開始されているすべての注文のうち、カラーコードが赤色の割合が五%を下回ったらタイムバッファを減らし、一〇%を超えたらタイムバッファを増やすというようにすればいい。

この方法に従えば、ほんの数か月のうちに納期遵守率は著しく高まり、リードタイムは劇的に短縮され、そして十分な余剰キャパシティが得られることだろう。

余剰キャパシティは営業部門で生かす

そして、ここからが本当の意味での挑戦だ。過去にもしばしば、いや多すぎるほどあったことだが、余剰キャパシティが明らかになると、会社の経営層は余分なキャパシティを適正レベルまで削除して、コスト削減を図ろうとする。とんでもない間違いである。ここでいう余剰キャパシティとは従業員のことである。

つまり、会社のパフォーマンスを向上させようとここまで頑張ってきた従業員が、その成果を出したがゆえに解雇されてしまうのだ。そのような行動に走ってしまった企業では、当然のことながら、避けがたい副作用が起こり、結果として、工場のパフォーマンスは改善努力を始めた当初よりも悪化してしまっている。そのような愚かな行動は、今後は起こらないように願いたいものだ。

明らかになった余剰キャパシティへの賢明な対応は、これをもっと積極的に活用することだ。

営業部門を激励して、さらなる売上げ獲得に生かせばいい。売上げが増加すれば、今度は真のボトルネックが表に現れてくる。

しかし、ボトルネックの限られた生産能力を考慮せずに、新規の注文に対して安易に納期を約束してしまうと、納期遵守率が低下し、失望した顧客からの売上げが減ってしまう危険性がある。

つまり、営業と生産オペレーションの関係強化が必要で、密に連絡を取り合うことが不可欠となる。実はこれがそう容易ではなく、真の挑戦なのだ。顧客に納期を約束するには、必ずボトルネックに与えられたキャパシティを考慮し、それに従わなければいけない。そうしたシステムが必要なのだ。

ボトルネックはビートを刻む〝ドラム〟に相当し、〝タイムバッファ〟は納期から作業の投入日を割り出し、さらに作業の投入を抑える行動は、注文と作業投入を結び付ける〝ロープ〟の役割を果たす。これが、ＴＯＣ（制約理論）における時間をベースとした手法が「ドラム・バッファ・ロープ」システム、略してＤＢＲと呼ばれているゆえんである。

現在では、赤色となる理由を記録、分析することで、さらにオペレーションを改善するプロセスに磨きをかけようとする試みも広く行なわれている。

劇的な改善を果たした日立ツール

日立ツールは二〇〇六年度で売上高二四〇億円、二万種類以上の切削工具を設計、製造するメーカーだ。ほとんどの製品に対する需要は散発的であるが、業界の標準に従い、日立ツールは六か月おきに新製品を市場に投入せざるを得ない状況にある。

しかし、新しい製品群が市場に投入されると、旧製品群は陳腐化してしまう。リーン導入の試みがうまくいかなかったのも不思議ではない。(注14)

日立ツールは二〇〇〇年に、四つある工場のうちの一つでDBRの導入を開始した。仕掛在庫とリードタイムを半分に減らすことで、納期遵守率は四〇%から八五%へと劇的に改善し、また、以前と変わらぬ労働力で二〇%以上も多く製品を出荷できるようになった。DBRの導入を他の工場にも広げ、二〇〇三年までに四つの工場すべてでDBRを導入したのだった。(注15)

リードタイムの劇的な短縮と、対応の迅速化によって、サプライチェーン（販売会社）の在庫量は八か月分から二・四か月分にまで減少した。在庫の減少により販売会社のROI（投資利益率）は劇的に改善し、それによって多くのキャッシュが解放され、日立ツールと販売会社の関係は強固なものとなった。その結果、販売会社は日立ツールの製品の取り扱いを拡大し、比較的安定した市場ながらも、売上げ二〇％増へとつながったのだった。

その真の効果は、同社の利益から見て取れる。二〇〇二年から〇七年にかけ、切削工具の原材料（金属）費の上昇は、販売価格の上昇を大きく上回った。こうした状況では本来、会社の利益など吹き飛んでしまうはずだが、日立ツールの場合、二〇〇二年三月期に一一億円だった税引き前純利益は、〇七年三月期には五二億円にまで増えた。五年間で約五倍の純利益増だ。利益率は二〇〇二年の七・一％から〇七年には二一・六％にまで増えた。[注16]これだけ高い利益率は業界では前例のないことだった。

前述したとおり、多くの手法は、適用する環境についてさまざまな前提（時には隠れた前提）を設定する。そしてその前提が間違っている時は、その手法がうまく機能することは期待できない。

DBRはどうだろうか。DBRが設定する前提は明らかだ。現状のリードタイムに比べて、実際の加工処理時間が非常に小さい（一〇％以下）ことをDBRは前提としている。この前提は、ほとんどではないにしても、多くの典型的な生産環境において有効であると考えていいだろう。しかし、プロジェクトと通常呼ばれているような広範な環境までカバーできるわけではない。

プロジェクト環境では、タッチタイム（実際の作業時間）は比較的長く、プロジェクトを早く完了してほしいと望む顧客からのプレッシャーもあって、生産現場はタッチタイムのわずか二倍（稀に三倍）程度のリードタイムを半ば強制的に約束させられてしまう。

当然のことながら、パフォーマンスは非常に低くなる。仕様を一〇〇％満たして、予算の範囲内で、また期限内にプロジェクトが完了するなどと期待する者は誰もいないほどだ。

しかし、DBRの前提がここでは有効ではないので、DBRはプロジェクト環境に適切ではない、という結論に目をそらしてはならない。プロジェクト環境には、DBRとは異なる手法、つまりタッチタイムが比較的長いことを前提とする手法が必要なのである。(注17)（敬称略）

（訳・三本木 亮、監修・岸良裕司）

注

1 トヨタ生産方式は、世界的には、まず、ジャスト・イン・タイム（JIT）として、その後、リーン生産方式という呼称で知られるようになった。トヨタ自動車自身は、リーン生産方式がTPSの精神をすべてとらえたものではないとしている。

2 Henry Ford, *Today and Tomorrow*, Productivity Press, 1988. 初版一九二六年、邦訳『藁のハンドル』（中公文庫）。

3 フローをバランスさせることと、生産能力をバランスさせること（各ワークセンターの生産能力をそれぞれの負荷に合わせること）は異なる。フローラインをバランスさせようとする時に、多くの人はこの二つを混同してしまう。

4 『トヨタ生産方式』や他の自著の中で、大野が、根本的な概念がフォードに帰するものであると述べているのは注目に値する。

5 コンテナを置く場所の数を減らすために、大野は、単体の機器から成るワークセンターよりもU字型セルを広範に用いている。

6 いずれにしてもリーンの文献の中には、ＴＰＳが局所的な効率性を排除することを強く求めるという事実に関して明確に強調されているものは見当たらない。

7 『なぜ必要なものを、必要な分だけ、必要なときに提供しないのか』、大野耐一・三戸節雄著、ダイヤモンド社。

8 最初に発表された論文は、Factory, *The Magazine of Management* (Volume 10, Number 2, February 1913, 135-136, 152) 掲載のフォード・Ｗ・ハリスによる論文。その後、毎月のようにこの課題に関する論文が発表されている。

9 例えば、トヨタでは金型の変更が、一九四〇年代に二〜三時間だったものが一時間未満に、そして五〇年代には一五分、さらに六〇年代には三分にまで縮小されている（大野耐一が自著『トヨタ生産方式』にそう記載）。

10 『ザ・トヨタウェイ』、ジェフリー・Ｋ・ライカー著、日経ＢＰ社。

11 Mabin, Victoria J. and Balderstone, Steven J., "The World of the Theory of Constraints", *CRC Press LLC*, 2000. TOCに関する世界の文献を調べたところ、平均して、リードタイムは七〇％削減、納期遵守率は四四％改善、収入、スループット、利益は七六％増加という結果が見られたと示している。

12 Orlicky, Joseph. *Material Requirements Planning*, McGraw-Hill Book Company, 1975.

13 『ザ・ゴール』、エリヤフ・ゴールドラット、ジェフ・コックス著、ダイヤモンド社。

14 Umble, M., Umble E., and Murakami, S., "Implementing theory of constraints in a traditional Japanese manufacturing environment : the case of Hitachi Tool Engineering," *International Journal of Production Research*, Vol. 44, No. 10, 15, May 2006, pp. 1863〜1880.

15 前掲書。

16 『儲かる会社のモノづくり マーケティング 売るしくみ』、村上悟・高橋淳・小林昇太郎著、中経出版。

17 『クリティカルチェーン』、エリヤフ・ゴールドラット著、ダイヤモンド社。

初出：『巨人の肩の上に立って――「生産概念」と「生産手法」の比較』
（週刊ダイヤモンド２００８年12月６日号・改題・加筆訂正）

第8章

ARTICLE

フォードに学び、フォードを超えた男

大野耐一の挑戦

エリヤフ・ゴールドラット

2009

製造業は、二人の偉大な思想家によって形成されてきた。すなわち、ヘンリー・フォード氏と大野耐一氏である。フォードは、流れ作業（フローライン）方式の導入によって大量生産に革命を起こした。一方、大野氏はトヨタ生産方式（ＴＰＳ）——ここでは在庫は資産ではなく、負債として考える——の中で、フォードのアイデアをさらに発展させた。

大野氏の偉業を理解するには、まずフォードの仕事について知っておく必要がある。

ヘンリー・フォードの発明

オペレーションによって製品の流れ全体をスムーズにすることが優れた生産の鍵である。これがフォードの出発点であった。それゆえ、彼は「流れ（フロー）」の改善に努め、これは大成功を収めた。鉄鉱石を掘り出してから、五〇〇〇点以上の部品からなる自動車を完成させ、これを輸送する列車に載せるまでのリードタイムは、一九二六年に八一時間まで短縮したという。（注1）
流れとは、オペレーション内の在庫が動いていることを意味する。在庫が動いていなければ、在庫はたまる。在庫がたまれば、場所を取る。そこで直感的に浮かんでくるのが、在庫がたまるスペースを制限すれば、流れは改善するという解決策である。

フォードは、作業現場と作業現場の間にある仕掛品用のスペースに制限を設けた。これこそ「流れ作業方式」の本質である。このことは、最初の流れ作業方式では、在庫を作業現場から次の作業現場へと移動する際に、ベルトコンベアなどの機械を用いていなかったことからも証明できる。

フォードの流れ作業方式がいかに破天荒であるかは、スペースに制限を設けることで生じた結果を理解した時、そのスペースが在庫でいっぱいになった時、そして作業者が生産をストップしなければいけないと感じた時、まさしく明らかになる。

それゆえ、流れをスムーズにするために、フォードは部分効率を犠牲にしなければならなかった。言い換えれば、流れ作業方式は、すべての作業者と作業現場は一〇〇%忙しく稼働していなければならないという常識を無視するものだった。

こう申し上げると、資源をたゆまず稼働させるのを妨げれば、オペレーションのスループットは低下すると思う向きもいるだろう。もしフォードがスペースに制限を設けるだけで満足していたなら、そのような望ましからぬ現象が招かれていたかもしれない。

しかし、在庫が一定数以上積み上がらないように制限することには、別の効果もある。それは、本当の問題、すなわち「流れを悪くしているのは何か」を特定し、可視化することである。つまり、ライン上のどこかの作業現場が少しの間、生産を止めると、ほどなくライン全体もストップする。

フォードは、「まさしく目に見える」という結果を利用して、「明らかに停止している」という状況に対処し、解決することで、流れのバランス――工場のキャパシティをバランスすることではない――を改善した。

こうして、部分的な効率を犠牲にし、流れをバランスさせたことで、スループットは大幅に向上した。フォードは、作業者一人当たりスループットにおいて、当時の自動車メーカーの中でどこよりも高い数値を実現した。

大野耐一の挑戦

大野の目標も、フォードと同じく、流れを改善することだった。言い換えれば、リードタイムを短縮することである。これについて、「トヨタでは、何が行なわれているのか」という質問に、彼は次のように答えている。

「我々は、お客様が注文してから、我々がその代金を回収するまでを時系列で見ています。そして、その時間を短くすることに取り組んでいます(注2)」

かんばん方式を発明する

大野は、過剰生産（作りすぎ）を防ぐことに取り組んだ時、途方もないほど大きな障害に直面した。

ある製品への需要が拡大している時には、フォードがやったように、各部品を生産するために、あるラインをそのためだけに専用化することが正当化される。しかし当時、日本の自動車市場では、多品種少量生産が要求されていた。このため、トヨタではラインを専用化することができなかった。

このような状況に直面しながらも、ほとんどの業界において、「複数のラインを使う」というアイデアについて深く考えられることはなかった。しかし大野は、装置を専用化できず、個々の作業現場がさまざまな部品を生産するために、複数のラインを使うというアイデアについて、あれこれ思案した。

問題は、スペースに制限を設けると、ラインがマヒしてしまうことだった。すなわち、そのスペースがいっぱいになっている間（供給ラインの作業が止まる）、組み立て用の部品すべてが使えなくなる（組み立て作業が停止する）。

大野は、スーパーマーケットの話を聞いた時（彼が一九五六年に米国を訪れ、スーパーマーケットを実際に目で見るずっと前の話である）、はたと解決策が浮かんだと述懐している。

スーパーマーケットでは、商品が購入されると、その分だけを補充する。つまり、必要な数の在庫を、正しいタイミングで次の工程に回せば、ラインがマヒすることはなくなる、つまり流れがバランスすると考えたのである。

大野も、いつ生産しないのかをオペレーションに伝達する仕組みについて考えた。彼は、フォードのやり方を超えて、個々の部品が積み上がる量を制限しようとした。こうして生まれたのが、いわゆる「かんばん方式」である。

かんばん方式は、「何をいつ生産するのか」だけでなく、それ以上に大切な「いつ生産しないのか」を教えるものである。つまり、過剰生産を防止するツールなのだ。このように大野は、いつ生産しないのかを教える仕組みをスペースから在庫に変えることで、フォードの考え方を発展させることに成功した。

段取り替え時間を短縮する

いつ生産しないのかを教えるかんばん方式を現場に導入すると、スループットが一時的に落ち込むため、流れをバランスさせる取り組みが新たに必要になる。

大野が直面した問題は、フォードが直面したものよりはるかに大きく、また困難なものだった。何よりラインが専用化されていないため、ある製品から別の製品へと頻繁に切り替えを図らなければならなかったのである。

ラインの切り替えには、そのたびに一定の段取り時間を確保しなければならない。最初のうち、多くの作業現場では、段取り替え時間は生産に要する時間よりも長く、それゆえスループットが大きく落ち込む。

このせいで、大野が激しい抵抗に遭ったのも当然と言える。実際、彼の考えた生産システムは、四〇年代後半から六〇年代前半まで「忌まわしき大野方式」と揶揄されたと、自ら述懐している。(注3)

大野は、段取り替えにおける障害を克服するために、新たな道を開拓しなければならなかった。トヨタ生産方式が世界的に知られるまで、段取り替えの効率的な方法と言えば、バッチサイズを大きくするのが一般的であった。そして「経済的バッチ量」(ＥＢＱ)という、これまで数多の論文で紹介され、広く知られたアイデアがあった。

しかし大野は、このＥＢＱを用いてしまうと、リードタイムの短縮を追求する道が閉ざされてしまうことから、そのような知識すべてを無視した。むしろ、必要とされる段取り替えは決して変えられないものではなく、また段取り替え時間を劇的に減らすことで、このプロセスを変えることができると主張した。

彼は、段取り替え時間を減らす手法を開発・導入することに努力し、最終的には数分以内にまで短縮した。リーン生産方式が現在、段取り替え時間を短縮する手法と小さなバッチと切っても切れない関係にあるのは決して不思議ではない。

流れをバランスさせるプロセスを導入する

しかし、流れをバランスさせることは、段取り替えの障害に対処するより、はるかに多くの努力を必要とした。何しろ、ほとんどの作業現場が一部品だけを生産しているわけではなく、そのため、流れを乱している本当の原因を直接観察して見つけるのは不可能に等しかった。大野は、プロセスの改善に集中できる簡単な方法がなければ、あまりに時間がかかりすぎ、流れをバランスさせることが難しくなることを理解していた。

かんばん方式によって、彼は打開策を得た。これを理解するうえで、リーン生産方式における「石と水」の喩えが役に立つ。

水位は在庫水準であり、石は流れを妨げる問題に喩えられる。川底には多くの石があり、それらを取り除くには、相応の時間と労力が必要になる。問題なのは、どの石を取り除くべきかである。答えは、水位を下げることで得られる。つまり、水面の上に現れた石を取り除けばよい。

かんばん方式を導入する際、妥当なスループットを得るために、大野は決して少なくない部品を、まず相当数のコンテナに入れることから始めた。そして、徐々にコンテナの数を減らし、その次には、各コンテナ内の数量を減らしていった。流れに支障が生じるまで、コンテナの数とコンテナ内の数量、すなわち水位を減らし続けた。

そして、流れが妨げられた時には、「なぜ」を五回問うことで、根本的な原因を突き止めた。むろん、この実験を再開する前に、その問題を解決しておかなければならないからである。時間はかかったが、結果として生産性は目覚ましく向上した。

この流れをバランスさせるという態度は、部分最適ではなく、常に全体最適を目指すことにほかならない。そしてトヨタ生産方式とは、全体最適を実現するためのシステムなのである。

部分的なコスト削減や効率はそれほど重要ではない

この二〇年間、自動車メーカーはもとより、他業界の企業が、何らかのかたちでトヨタ生産方式を導入し、それなりの成果を上げてきたが、トヨタに匹敵するほどの生産性を実現した企業はない。この事実は、部分最適の改善では、トヨタ生産方式の真の力を引き出せないことを物語っている。

残念ながら、他社の改善努力は、流れをスムーズにすることに集中しておらず、むしろコスト削減を目的としているがゆえ、誤った方向に進みがちである。

大野は、コストを削減するために段取り時間を減らすということに、ほとんど関心がなかった。もし彼の目的がコスト削減であったならば、彼はバッチを減らし、それによる段取りを増加させるといった「ムダ」をしたりすることはなかったであろう。

彼は、努めて不良部品の数を減らした。これにより、多少なりともコストが削減されたであろうが、むしろ、不良部品のせいで流れが滞り、それによる混乱を排除するためであった。言うまでもなく、サプライヤーを買い叩いたり、従業員の賃金をカットしたりすることはなく、いつも流れを改善することを第一に考え、このことに全精力を傾けた。

ここで注目すべきは、大野が局所的なコストを無視したことで、限界コストの引き下げに成功したことである。言い換えれば、部分的な効率を追求しなかったことで、労働生産性を向上させたのである。

トヨタ生産方式を導入しても生産性が改善しないのは、コストを削減することではなく、スループットを向上させることの意味がよく理解できていないからである。なお、コスト削減に過剰に集中しすぎると、継続的改善のプロセスを定着させる活動が、すぐさま頭打ちになってしまう。

以上、フォードと大野が目指したものはほとんど同じであり、その共通点は次の四つにまとめられる。

- 流れを改善する（あるいはリードタイムを短縮する）ことが、オペレーションの主たる目的である
- この主たる目的は、過剰生産を防ぐために、「いつ生産しないのか」をオペレーションに伝える実践的な仕組みに置き換えられるべきである。フォードはスペースを、大野は在庫を用いた
- 流れをバランスさせるプロセスを用意しなければならない
- 部分的な効率は犠牲にしなければならない

大野はフォードに学び、そしてフォードの流れ作業方式を超えるトヨタ生産方式をつくり上げた。大野が生きていれば、「まだ完成してはいない」と言うだろうが、少なくとも二〇世紀における一大発明であることは間違いない。

私は大野耐一という巨人の肩に乗ることで、(注4) 制約理論（TOC）を生み出すことができた。つまり、大野がトヨタ生産方式を発明していなかったなら、TOCが生まれることはなかった。これが、大野を「マイ・ヒーロー」と呼ぶゆえんである。（敬称略）

注

1 Henry Ford, in collaboration with Samuel Crowther, *Today and Tomorrow*, Doubleday, Page & Company, 1926.（邦訳『フォード経営』東洋経済新報社、一九六八年。なお一九九一年に祥伝社より『藁のハンドル』と改題されて復刻。現在中公文庫に収録）

2 大野耐一『トヨタ生産方式』（ダイヤモンド社、一九七八年）

3 大野耐一、三戸節雄『なぜ必要なものを、必要な分だけ、必要なときに提供しないのか』（ダイヤモンド社、一九八六年）

4 かつてアイザック・ニュートンが"A dwarf on a giant's shoulder sees the farther of the two."（巨人の肩に乗ることで、巨人より遠くが見える）と引用したように、ゴールドラットも同じくこのことわざを用いることで、大野耐一氏への敬意を表している。

■初出：『フォードに学び、フォードを超えた男』
（DIAMONDハーバード・ビジネス・レビュー2010年1月号・加筆訂正）

第9章

『ザ・ゴール』シリーズ翻訳者が厳選

あなたの常識が覆る50の「至言」

三本木亮

1 会社の目標とは何だね

『ザ・ゴール』55ページ

「いや、違う。そんなのは問題ではない。君の問題は、目標が何なのかよくわかっていないことだ。それからどんな会社であっても目標は同じだ。一つしかない」

その言葉に一瞬、私は足取りが鈍った。

（略）

「ちょっと待ってください。目標がわかっていないとは、いったいどういう意味ですか。ちゃんとわかっているつもりです」

（略）

「本当かい。では言ってみてくれ、君の会社の目標とは何だね」

（略）

「アレックス、目標がわからなければ、生産性の意味は理解できない。目標がわからなければ、ただ数字や言葉で遊んでいるにすぎない」

（略）

そうかやっとわかったぞ。

企業の目的はお金を儲けることだ。

『ザ・ゴール』55〜56、66ページ

■　■　■

このように、企業の目的とは「現在から将来にわたって、お金を儲けること」だと、ゴールドラット博士は『ザ・ゴール』の中で主張している。病院や学校といった公共性を帯びた組織でない限り、明示的に示していなくとも、現在および将来にわたってお金を儲けることが一般企業の目標であることは間違いないだろう。しかし日々の企業活動の中で、個々の部門、部署あるいは従業員に至っては全体への利益貢献をどれだけ意識して行動しているだろうか。目的と行動を一致させること、それが極めて重要だと博士は説いている。

2
ロボットを使って、工場の生産性は本当に上がったのかね

『ザ・ゴール』47ページ

「君の工場では、ロボットを使っているのかい」ジョナが訊いてきた。

「ええ、二、三の部署で使っています」

「ロボットを使って、工場の生産性は本当に上がったのかね」

（略）

「一つの部署では、三六パーセントアップしたはずです」

「本当かい。三六パーセント?・」ジョナが訊ねた。「ロボットを導入しただけで、君の工場からの収益が三六パーセントも増えたというのかい。すごいじゃないか」

私は、ニヤリとせずにいられなかった。

「いや、（略）三六パーセントアップしたのは一部署だけですから」

（略）

「ということは、実際には生産性は向上しなかったわけか……ロボットを導入した部署で

……製品の出荷量は以前より一つでも増えたのかい……従業員の数は減らしたのかね」（略）

「いいえ、生産性が向上しても人員解雇は行わないという組合との合意があるので……」

「ということは、ロボットを導入しても、人件費の削減にはつながらなかったということだね……じゃ、聞くが、仕掛りなどの在庫は減ったかね」

「……特に減っていないと思います。……」

「……もし仕掛りも人件費も減っていなくて、製品の売上げも上がっていなかったら……ロボットを導入して生産性が上がったなどとは言えない」

『ザ・ゴール』47～49ページ

■　■　■

〝効率が上がる〟ということと、〝生産性が上がる〟こととは、実は別物なのだ。しかし、とかく私たちはこの二つの言葉を混同して使うきらいがある。だが博士は、目先の効率アップにだけ満足して本来の目的を見失ってはいけないと注意を促している。本来の目的に照らし合わせてこそ、生産性の意味が生きてくるのだ。

3

生産性とはいったい何なのかね

『ザ・ゴール』53ページ

「言ってみたまえ、生産的であるとはいったいどういう意味なんだね」

（略）

「何かを成し遂げることでも意味しているのでしょうか」

「そのとおり。でも、どういう観点で成し遂げたかどうか測ったらいいと思うかね」

「目標（ゴール）……でしょうか」私は答えた。

「そのとおり」ジョナが言った。

（略）

「（略）生産的であるということは、自己の目標と照らし合わせて何かを達成したということなんだよ。違うかい」

（略）

「生産性とは目標に向かって会社を近づける、その行為そのものだ。会社の目標に少しでも

会社を近づけることのできる行為は、すべて生産的なんだよ。その反対に目標から遠ざける行為は非生産的だ。わかるかね」

（略）

「君に言いたいのは、生産性なんてものは目標がはっきりわかっていなければ、まったく意味を持たないっていうことだ」

『ザ・ゴール』53〜54ページ

■　■　■

「生産性が上がった」「生産的だ」という話をするには、まず照らし合わせる目標を持ってこれを、認識しなければいけない。目標がない状態では、果たして生産的かどうかなど測りようがない。そういう意味で、企業経営者、マネジャーの大きな責任の一つは、まず社員、従業員に対して組織全体の目標と合った明確な目標を示し、認識させることではないだろうか。そうした目標を共有し、それに向かって全員が足並みを揃える。少なくとも安易に「生産性を上げろ」とか、「もっと生産的に仕事をしろ」などという言葉は発しないほうがいいだろう。

4

作業員の一人が、何もすることなく立っていたとしよう。それは会社にとって良いことなのか、それとも悪いことなのか

『ザ・ゴール』132ページ

「そうか。それじゃ君が理解できるかどうか、簡単な質問をして試してみよう。まず最初の質問だ。作業員の一人が、何もすることなく立っていたとしよう。それは会社にとって良いことなのか、それとも悪いことなのか」

「もちろん悪いことです」私はすぐさま答えた。

（略）

「どうして」

私は軽く笑った。「当たり前のことだし、お金の無駄遣いだからです。（略）人に給料を払って、何もさせないでおくのですか。アイドルタイムを許しておく余裕などないし、そんなコストは容認するわけにはいきません。どんな方法で評価したとしても、非効率だし生産性も悪くなります」

（略）

「面白いことを教えてあげよう。作業員が手を休めることなく常に作業している工場は、非常に非効率なんだ」

『ザ・ゴール』132ページ

■　■　■

『ザ・ゴール』をはじめ、ゴールドラット博士の著作の中でも、これほど違和感を覚えさせるような言葉はないだろう。作業員がみんな休むことなくフル稼働している工場は非効率だというのだ。つまり、一つひとつのリソースの効率を高める部分最適ではなく、システム全体の効率を優先する全体最適が重要だとゴールドラット博士は唱えているのだ。

5

指標は三つあって、それぞれ『スループット』、『在庫』、『業務費用』と呼ぶことにした

『ザ・ゴール』96ページ

「会社の本部では、純利益、投資収益率、キャッシュフローといった指標を使って、会社全体にこれを適用し、目標への進み具合をチェックしています」

「続けたまえ」ジョナが言った。

「ですが、私の工場レベルでは、こうした指標はあまり意味がありません。それに工場で使っている指標にしても……確信はないのですが、あまり役に立っているようには思えないのですが」

「君の言っていることは、よくわかる」

「ですから、私の工場の中で起こっていることが生産的なのか、非生産的なのかをどうやったら知ることができるのかと思って……」

（略）

「（略）昔からいろんな評価指標を使って目標を表してきたんだが、どれもメーカーの現場

での毎日の仕事にはあまり役に立たない。事実、それが理由で私は別の指標を開発した」

「どんな指標ですか」私は訊ねた。

「お金を儲けるという目標を完璧な形で表すことができ、なおかつ工場を動かすための作業ルールの設定を可能にした指標だ」彼が言った。「指標は三つあって、それぞれ『スループット』、『在庫』、『業務費用』と呼ぶことにした。在庫とは完成品だけでなく、仕掛品や原材料、作りかけの部品なんかも含まれる。いわゆるインベントリーというやつだ」

『ザ・ゴール』95〜96ページ

■　■　■

ゴールドラット博士は、特に指標のあり方にこだわりを持っている。言い換えれば、人・組織は評価指標次第だと言うのだ。それはごくもっともな話で、いまさら驚くようなことでもないのだが、しかしその土台となるべき評価指標が部分最適を基準としているために、多くの企業・組織において、まことに好ましからぬ状況となっていると博士は指摘している。

6 バランスのとれた工場に近づけば近づくほど、倒産に近づく

『ザ・ゴール』135ページ

「『バランスがとれた工場』とは、世界中のメーカーが目指している工場のことなんだが、つまり、すべてのリソースの生産能力が市場の需要と完璧にバランスがとれている工場のことなんだ。どうして世界中のメーカーがこれを目指しているか、わかるかね」

「それは……、もし生産能力が十分でなければ、潜在的なスループットを逃してしまうことになるし、逆に必要以上に能力があれば、お金を無駄にすることになってしまうからでは？業務費用を減らす機会を見逃しているわけですから」

「そうだ。みんなまったく同じことを考えている。だから普通は、減らすことができる能力を減らして、使われていないリソースがないようにしようとする。みんなが常に働いているようにするためだ」

（略）

「でも、そんなことをして本当にバランスのとれた工場ができると思うかね」

「（略）私も完全にバランスがとれた工場なんて存在しないと思います」

「面白いな。私も完全にバランスがとれた工場など見たことがない。それじゃ、どうしてこれまで誰もバランスのとれた工場を実現したことがないと思うのかね。みんな時間を費やして努力してきたはずなのに」

「理由はいろいろあると思います。一番大きな理由は、いつも条件が変化していることだと思います」

「いや、それは一番の理由ではないな」

（略）

「本当の理由は、バランスのとれた工場に近づけば近づくほど、倒産に近づくからなんだ」

『ザ・ゴール』１３４〜１３５ページ

■　■　■

バランスのとれた工場は極めて非現実的で、これに近づけば近づくほどスループットは減少してしまう。「アンバランス」は悪しきものとしてきた考え方に対し、博士はボトルネック、非ボトルネックが混在する「アンバランス」の存在を避けようのない現実として認めることこそが、安定したスループット向上には欠かせないと提唱している。

7

だんだんわかってきたぞ。このハイキングは依存的事象なのだ……それが統計的変動と組み合わされている

『ザ・ゴール』159ページ

みんなの歩くスピードはそれぞれ変動している。速かったり、遅かったり。しかし平均スピードより速く進むことはできない。自分の前を歩いているみんなの歩くスピードに依存するのだ。だから、たとえ私が一時間に八キロ歩けるとしても、前の子供が三キロちょっとしか歩くことができなければ、八キロ進むことはできない。また自分のすぐ前の子供が八キロ歩けるとしても、そのまた前の子供たちが八キロ歩くことができなければ、私も私の前の子供も八キロ進むことはできない。

ということは、どのくらい速く進むことができるかには限界があるということだ。私自身の限度（ずっと速いスピードで歩いていたら、そのうち倒れ、息切れして死んでしまうだろう）と一緒に歩いている子供たちの限度の両方だ。逆に遅く歩く分には制限がない。全員に当てはまる。立ち止まることもできるからだ。もし誰かが止まれば、隊列は無制限に伸びてしまう。

『ザ・ゴール』159〜160ページ

■

■

■

このハイキングをきっかけに、アレックスはいかに統計的変動と従属事象が重要かに気づく。もちろんこの二つの現象は、完全になくすことはできない。しかし、その存在を認識し、これにいかに対応するかで著しい違いが出ることにも気づく。その方法をゴールドラット博士は「5つの集中ステップ」や「DBR（ドラム・バッファ・ロープ）」などといった独自の手法を用いて説いている。

8

それがわかったら、今度は工場の中のリソースを二つに分けないといけない。ボトルネックと非ボトルネックだ

『ザ・ゴール』217ページ

「アレックス、それがわかったら、今度は工場の中のリソースを二つに分けないといけない。ボトルネックと非ボトルネックだ」

私は、みんなにジョナの言うことをメモするよう小さな声で指示した。

「ボトルネックとは、その処理能力が、与えられている仕事量と同じか、それ以下のリソースのことだ。非ボトルネックとは、逆に与えられている仕事よりも処理能力が大きいリソースのことだ。わかるかね」

「ええ」

「この二つのリソースを区別できれば、とても重要なことがわかってくるはずだ」

『ザ・ゴール』217ページ

■
■
■

「選択と集中」という概念は、何もＴＯＣに始まったことではない。企業や組織のマネジメントにおいては、従来から多くのアプローチが試みられてきている。しかし、ＴＯＣほど体系的にその具体的な手法からツールまで開発されたアプローチはそう多くはないだろう。その最初のステップは、ボトルネックを認識することから始まる。

9 ボトルネックは悪だと思っていましたが……

「ボトルネックは悪だと思っていましたが……、可能な限りなくさないといけないのでは」

『ザ・ゴール』219ページ

ボブが訊ねた。
「いや、必ずしもいいとも悪いとも言えない。ボトルネックは単に現実なんだ。ボトルネックが存在するところでは、生産システムから市場までのフローをボトルネックを使ってコントロールすべきだと提案しているだけだ」

『ザ・ゴール』219ページ

■　■　■

ボトルネックは、「悪」ではない。一般的な概念からすると、これも大きな違和感を覚える。「ボトルネックは悪で、悪であるがゆえに、これを排除しなければいけない」というのが一般的な直感なのだろうが、TOCではそのまったく逆だと説明している。

ボトルネックは単に現実として存在するもので、その現実を無視することのほうが非現実であり、その現実のボトルネックをいかに活用するかが大切かを説いているのだ。ボトルネックの存在を認識し、これに集中して管理することが、ＴＯＣでは全体にとって最も大切なことなのだ。

10 リソースの能力を一つずつ切り離して別々に測っても意味がない

『ザ・ゴール』216ページ

「はっきりしていることは、これまでの生産能力に対する私たちの考え方は変えないといけないということだ。リソースの能力を一つずつ切り離して別々に測っても意味がない。それぞれのリソースの真の生産能力とは、工場の中でそれがどの位置におかれているかによるのだ。経費を削減しようと、これまでは需要に合わせて生産能力を抑えてきたが、それは大きな間違いだ。絶対にそんなことはしてはいけない」

「でも、よそではどこでもそうしています」ボブが異議を唱えた。

「そう、みんなそうしている。いや、あるいは、みんなそうしていると言っているだけなのかもしれない。でも、それがどんなに愚かなことか、みんなもうわかったはずだ」

(略)

「無駄をなくそうと、一つひとつの工程の能力を別々に観察して削ってはいけません。システム全体を最適化するように努力しないといけないんです」

■
■
■

『ザ・ゴール』216～217ページ

システム全体のパフォーマンスの向上を図るには個々のリソースのパフォーマンスの向上、つまり部分の最適化を図り、その総和によって全体最適化を図るというのが従来の考え方である。それに対してTOCでは、システム全体を一つの流れとしてとらえる。個々のリソースの改善よりも、全体の流れを改善するためにボトルネックに集中することで、システムの全体最適を実現する考え方である。

11 工場内のすべてのリソースの能力を個別に最大化してはいけない

『ザ・ゴール』326ページ

どちらのルールにも当てはまることなのだが、『リソースを活用する』とは、目標達成に向かって工場を動かすためにリソースを使うことであり、一方、『リソースを使用する』とは、単純に機械や装置のスイッチを入れたりする物理的な作業のことで、利益が出ようと出まいが関係ない——というのがジョナの説明だ。だから、非ボトルネック、つまりリソースをただ単純に最大限まで働かせることは、まさに愚の骨頂なのだ。

「このルールでは、工場内のすべてのリソースの能力を個別に最大化してはいけない。リソースが個別に最大化されているシステムは、全体的にはまったく最適なシステムではないのだ。それどころか、非常に非効率なシステムのはずだ」とジョナの説明が続いた。

『ザ・ゴール』325〜326ページ

■

■

■

ボトルネックが存在するシステムにおいて、非ボトルネックの部分のリソースを最大限に稼働させてもムダである。ならば、非ボトルネックの手隙のリソースを活用し、ボトルネックを助けることで、全体の能力をアップすることが可能になる。ＴＯＣは、全体のチームワークを大切にするという考え方がベースにある。

12

「ドラムよ」シャロンが言った

『ザ・ゴール』330ページ

「わかった、わかった。二人とも手伝ってくれ」私は、二人をなだめるように言った。「いいかい、問題を言うよ。森の中を子供たちが一列になってハイキングをしています。列の真ん中を歩いているのはハービーです。ハービーがもっと速く歩けるように、ハービーが背負っていた荷物を降ろしてやりました。それでもハービーは、みんなの中で歩くのがやっぱり一番遅いんです。みんなハービーを追い越してもっと速く行きたいと思っています。でも、そうしたら列の長さは広がって、見えなくなってしまう子供もいます。だから、ハービーは真ん中から動かすことができません。さて、どうやって列の長さが広がるのを防ぐことができるでしょうか」

二人とも真剣な顔をして考えている。

（略）

「ドラムよ」シャロンが言った。

「え？」

「パレードなんかのときに使う太鼓のこと」

「ああ、あれか。パレードのときはみんな間を開けないで、足並みを揃えて行進するよね」

（略）

「そうか、みんな太鼓のリズムに合わせて行進しているわけか。なるほど、でも、ハービーの前の人が速く歩きすぎないようにするにはどうやったらいいのかな」

「ハービーに太鼓を叩かせればいいのよ」

「そうだね、悪くないね」

「でも、僕のアイディアのほうがいいよ」今度は、デイブの番だ。

「よし、じゃ今度はデイブ博士の考えを聞かせてもらおうかな」

「みんなをロープで結ぶんだよ」

「ロープ？」

「ほら、山登りなんかで使う紐だよ。長いロープでみんなを腰のところで結ぶんだ。そしたら遅れる人もいないし、一人だけ誰か先に行くこともなくなるよ」

「なるほど……。そいつはいい考えだ」

つまり列の長さは、ロープより長くなることは決してない。工場に置き換えると、ロープは在庫を全部合わせたものにあたる。ロープの長さはもちろん前もって決めておくこともできるし、そうすれば正確にコントロールすることができるわけだ。みんな同じ速さで歩かなければいけない。息子のクリエイティビティーに私は感心した。

『ザ・ゴール』329〜331ページ

■　■　■

ボトルネックと非ボトルネック、この能力の異なる二つのリソースをみごとに同期させることで余分な在庫を抑え、そしてシステム全体のスループットを最大化させるドラム・バッファ・ロープは、全体最適を目指すTOCにとっては最も大切なツールの一つと言っていいだろう。

13
非ボトルネックのバッチサイズを半分にするんだ

『ザ・ゴール』355ページ

「ステーシー、君は資材管理の責任者だろ。バッチのサイズを半分にしたらどうなるか、君が教えてくれないか」

（略）「バッチサイズを半分に減らしたら、工場内の仕掛品の量はこれまでの半分になるはずです。ということは、仕掛りへの投資がこれまでの半分ですむということです。（略）」

（略）

「でもバッチのサイズを小さくしたら、それだけ機械をセットアップする回数が増えるということでは？」（略）

「ああ、そうだ。でも心配することはない」

（略）

ジョナの説明では、どの部品でもそうなのだが、セットアップと処理時間に必要な時間は少なく、キュータイム[※1]とウエイトタイム[※2]の時間が長い。つまり部品が工場を通過するトータルな時間における、この二つの待ち時間の比重が大きい。

（略）

バッチサイズを半分にすれば、各バッチの処理時間も半分になる。つまりキュータイムとウエイトタイムも半分になり、結果、部品の工場通過時間も約半分に減らすことができる。通過時間が半分に減れば……。

「リードタイムの合計が圧縮され、仕掛りなどの在庫の待機時間が減ることで、部品の流れもスピードアップされる」（略）

「オーダーの生産ペースがスピードアップされれば、顧客へも早く出荷できる」と、ルーが言った。

『ザ・ゴール』355〜358ページ

（※1）キュータイム：部品の処理に必要な機械や装置などのリソースがほかの部品の処理を行なっている間、その機械の前で列を作って待っている時間。

（※2）ウエイトタイム：完成品を組み立てるのに必要な他の部品が届くのを待っている時間。

■　■　■

『ザ・ゴール』の中では、ドラム・バッファ・ロープを導入して納期遵守率が劇的に改善したところで、さらにバッチサイズを縮小し、工程中の仕掛りなどの在庫の待ち時間を減らすことで顧客への納入リードタイムを短縮した。これを活かして新たな営業戦略を展開し、かつてないほど大きな受注に成功したストーリーが紹介されている。

14

ボトルネックで一時間、作業時間が失われれば、それはシステム全体で一時間失ったに等しい

『ザ・ゴール』399ページ

私が、ボトルネックで一時間、作業時間が失われれば、それはシステム全体で一時間失ったに等しいと主張すると、ヒルトンがボトルネックで失った時間は、ボトルネックで失った時間にすぎないと言う。

私が、非ボトルネックで作業時間が一時間増えたとしてもそれは意味がないと主張すると、ヒルトンが、非ボトルネックで作業時間が増えれば、それは作業時間が増えて良いことだと言う。

「君がボトルネックについてどんな解釈をしようと、ボトルネックは一時的にスループットを制限するにすぎない。君の工場がそのいい例だ。（略）」ヒルトンが言った。

「まったくその反対だ」私は反撃した。「ボトルネックがスループットと在庫の両方を決定するんだ。（略）」

『ザ・ゴール』399ページ

■■■

売上げ、利益、生産性、作業時間などは、一般的な企業概念では絶対に低下させてはいけない、失ってはいけないものと考えられている。確かに失ってはいけないものはある。しかし、その反対に失っていいものもたくさんある。しかし、一般的な企業活動では「選択と集中」が曖昧なため、本当に失ってはいけないものが何なのか実はわかっておらず、意識さえしていないことも少なくない。そんな中で、ゴールドラット博士は絶対的に失ってはいけないもの、それはボトルネックの時間だと唱えている。

15

正しいことをした、そのせいでペナルティを課されたって言うのか。余剰在庫を減らすことが、経理上は損になるのか

『ザ・ゴール』418ページ

ルーの視線は書類に向けられたままだ。「在庫は、確かに負債です。しかし、バランスシート上ではどの項目に入るかご存じですか」

「おいおい、ルー」そう言いながら、私は立ち上がった。「経理上の規定と現実がかけ離れていることぐらい君だってわかっているじゃないか。だが、あえてその質問に答えさせてもらえば、在庫は資産に含まれるんじゃないのかね。だけど、いままで、どうしてかなんて理由を考えたこともない。教えてくれないか。どうして在庫が資産なのか」

「（略）在庫は製品の生産コストに基づいて計算します。しかしそのコストには原材料費だけでなく、生産工程で発生する付加価値も含まれています。ここ数か月、私たちがやってきたことを覚えていますか。ボブには実際にオーダーの入ったものしか作業させなかったし、ステーシーもそれに合わせて資材を投入しました。そのせいで仕掛品は以前の五〇パーセント、完成品は二〇パーセント在庫を減らすことができました。減らした余剰在庫は補充せず

に、原材料の購入を抑えたためずいぶんと節約できました。キャッシュフローがそれを証明しています。しかし、経理上は在庫が減った分、資産が減りました。原材料の購入を控えた分、出て行く現金は少なかったのですが、それ以上に在庫の減り方が大きかったためです。在庫が減り続けたこの期間、減った在庫の原材料コストと製品コストの差が純損として表れたのです」

ルーの説明を聞いて、私は息をのんだ。「正しいことをした、そのせいでペナルティを課されたって言うのか。余剰在庫を減らすことが、経理上は損になるのか」

『ザ・ゴール』417～418ページ

■

■

■

会社は、現在および将来にわたってお金を儲け続けなければならない。そのためには適切な評価とそれに基づく意思決定が欠かせない。それを導くための手法としてゴールドラット博士が唱えているのが、スループット会計だ。そのいちばんの特徴は、何と言っても原価計算に基づく従来のコスト会計からの離脱である。

16

製造の現場を、売上げを伸ばすための要としたいのです。クライアントのニーズと現場の生産能力の両方にピタッとはまるような売り方です

『ザ・ゴール』425ページ

「(略)自分たちで創意工夫して得た売上げですからね。営業サイドではなく、製造現場の我々が勝ち取った仕事なんです」

私は、ボブの言葉をじっくり嚙みしめながら考えた。彼の言うとおりだ。ボブの言わんとしていることがようやくわかってきた。

私が黙っているので勘違いしたのか、ボブが言った。「所長にとっては、それほど大したことではないのかもしれません。製造と営業の両方を関連づけて考えていらっしゃるでしょうから。しかし、私はこれまでいつも製造の現場で作ることだけを考えてきた人間です。営業の連中のことなんか、客にできもしないことを平気で約束するいい加減な奴らとしか考えていませんでした。ですから、今回のこの件は、私にとってまさに革命だったのです」

『ザ・ゴール』424ページ

『ザ・ゴール』の中では、舞台となるユニコ社が、大手顧客の一つバーンサイドから大口の受注に成功するストーリーが描かれているが、その受注成功の要因は、製造サイドからの新しい提案にほかならない。すでにこの頃にはユニコ社の製造現場はすっかり生まれ変わり、在庫は減少、納期遵守率も劇的に改善して、生産能力に余裕ができていた。そこでその空き能力を用いて、受注に成功したのだが、そこには一捻り工夫が必要だった。

バーンサイドからの注文は、これまでの製造体制ではとうてい対応できないような短期納入、大口という無理な注文だった。従来ならば営業の判断で断るところだろうが、これに対し製造サイドが手空きの生産能力を活用して短納期対応し、また注文の中身を変更、先方が求めてきた一括納入ではなく、小ロットによる分納というかたちでカウンターオファーを提示したのだった。そして、実はそのほうが相手にとっても都合がいいとわかったのだ。そこから得られたのは、「製造の現場を、売上げを伸ばす要とする」「顧客のニーズと現場の生産能力の両方にピタッとはまる売り方をする」という結論だった。強くなった生産現場を次の飛躍のための土台として活用できることを博士はここで示したのだ。

17

改善という言葉は、どこへ行ってもコスト削減と同義語だと考えられています。まるで一番重要な評価基準であるかのように、みんな、経費削減に躍起になっています

『ザ・ゴール』459ページ

『スループット（THROUGHPUT）』『在庫（INVENTORY）』『業務費用（OPERATING EXPENSES）』

書き終えると、ルーはみんなのほうを振り返って言った。「改善という言葉は、どこへ行ってもコスト削減と同義語だと考えられています。まるで一番重要な評価基準であるかのように、みんな、経費削減に躍起になっています」

「それだけじゃない。以前の我々だって、経費削減にまったく役立たないようなコスト削減ばかりやっていました」ボブが言った。

「そのとおり」ルーが、ボブに向かって言った。「重要なのは、スループットこそが一番重要な評価基準だという考え方に転換したことです。我々にとって、改善とはコスト削減では

なくスループットの向上だったわけです」

■
■
■

『ザ・ゴール』459〜460ページ

一般に「改善＝コスト削減」ととらえられることも多いが、しかし博士は、将来にわたってお金を儲け続けるという観点に立てば、コスト削減よりも、スループットを向上させることに集中するほうが企業の目的達成にとって理に適っていると説いている。それは、なぜか。コスト削減には限度があり、縮小均衡に陥ってしまうことも少なくないが、スループットの増大、利益の増大には限界がないからだ。言い換えれば、利益を増やすことは理論的には天井知らずということだ。限界がなければ、将来にわたってお金を儲け続けることも可能となる。

18

［ステップ1］ボトルネックを見つける

『ザ・ゴール』464ページ

「鎖の強度を決めるのは何だと思う」（略）

「一番弱い輪じゃないか」

「ということは、鎖の強度を高めるために最初に何をしなければいけない」

「一番弱い個所を見つけることだ。ボトルネックを探すことだよ」

（略）

一連のプロセスをボードに書くには、そう時間はかからなかった。


［ステップ1］ボトルネックを見つける。

［ステップ2］ボトルネックをどう活用するか決める。

［ステップ3］他のすべてをステップ2の決定に従わせる。

［ステップ4］ボトルネックの能力を高める。

［ステップ5］ステップ4でボトルネックが解消したら、［ステップ1］に戻る。

『ザ・ゴール』464～465ページ

■ ■ ■

TOCでは、この「5つの集中ステップ」サイクルを繰り返しスループットの増大を図る。TOCが「継続的改善プロセス」（Process of Ongoing Improvement）と称されるゆえんだ。

一見、極めてシンプルに思える手法だが、その効果は大きい。実際にこの「5つの集中ステップ」やドラム・バッファ・ロープを導入した企業では、設備などへの追加投資や業務費用を増やすことなく、大幅なスループット増大や在庫の削減に成功した事例が世界中で数限りなく発表されている。

19

『If（もし……ならば）、Then（……ということになる）』という考え方をするんだ。物事の関連性を説く、この考え方がすべての基本なんだ

『ザ・ゴール』490ページ

「いや、まだだ。科学の本を読んでも、なかなかマネジメント・テクニックらしきものは見つからない。でも、面白いことを発見したよ」

「面白いこと？」彼女は、私の言葉に興味を示した。

「科学者が、どのように課題にアプローチするかだ。僕たちが普通ビジネスでやっていることと、ずいぶん違うんだ。最初は、あまりデータの収集はしない。反対にまず何か現象、つまり自然界の事実をランダムに取り上げる、そしてそれに関する仮説を立てるんだ。仮説とはその現象が存在する理由、もっともらしい理由を推測したものだよ。ここからが面白い。『If（もし……ならば）、Then（……ということになる）』という考え方をするんだ。物事の関連性を説く、この考え方がすべての基本なんだ」

（略）

「立てた仮説から結論を論理的に導き出す。たとえば、もし（If）立てた仮説が正しければ、その場合（Then）別の事象も理論的に存在する、といった具合だよ。こうした論理的な導き出しを使って、科学者たちはいろいろなことを発見していくんだ。もちろん一番大変なのは、予想した事象が実際に存在するのかどうか証明することだけどね。予想した結果が証明されればされるほど、根本にある仮説が正しいということになる。たとえば、ニュートンが重力の法則を証明するのにどうやったかも読んだけど、これも面白かった」

（略）

「物事って、本当はいろんなところで関連し合っているんだ。僕たちが普段全然関連性がないと思っていることが実は非常に関連性があったり、簡単でごく当たり前に思っていることが、実はもっと大きな事象の理由であったり。（略）」

『ザ・ゴール』490〜491ページ

■　■　■

ゴールドラット博士は生前よく「原因と結果」（Cause and Effect）という言葉を口にしていた。一般の企業活動ではとかく結果だけを見て、その対処に終始してしまうことも少なくないが、博士はものごとには結果があれば必ずその原因があるという科学者の心を持つことの大切さを説いている。結果が望ましくなく修正したいのであれば、結果だけを考えるのではなく、その原因を探ることのほうがもっと大切なのだという。その関連性を解くことが実は極めて大切で、すべての基本となるというのだ。その思考方法として効果的なのが、この「If（もし……ならば）、Then（……ということになる）」というアプローチである。実に物理学者としての博士らしい科学的なアプローチである。

20

収益体制の改善が求められると、必ず最初に叫ばれるのがコスト削減、つまり人員解雇だ。馬鹿げている

『ザ・ゴール２』８ページ

会長の視線に応えるようにビルが切りだした。「まだ、きちんとまとめ上がっていませんし、非常に微妙な内容ですので……。しかし会社全体をリエンジニアリングすれば、コストをさらに七パーセント程度削減できると思います。ですが正式に発表できるまでには、詳細をさらに詰めなければなりません。そんなにすぐにできることではありませんから」

またか、こんなことはとうの昔に卒業したはずだ。収益体制の改善を求められると、必ず最初に叫ばれるのがコスト削減、つまり人員解雇だ。馬鹿げている。すでに何千人も切ってダウンサイズしてきたではないか。脂肪だけでなく血や肉までも削ってきた。プラント・マネジャーとして、さらに部門マネジャーとして、従業員を守るために、いつもビルと闘ってきた。組織再編という名目で行われている努力を、市場獲得のための努力に振り向けることができれば、我が社はもっと繁栄しているはずだ。

そう思っていると、意外なところから助け舟が出された。「それだけでは不十分だ」ダウ

ティーだ。
トルーマンもすぐにこれに続いた。「それでは答えにならない。そんなことだけでは、ウォール街は喜ばない。最新の統計によると、従業員をレイオフした会社の半数以上で収益が改善していないそうだ」

『ザ・ゴール2』7〜8ページ

■　■　■

窮地に追いやられた会社が一般にまず考えるのは、コストの削減である。決して間違っていることではないのだが、どのコストを削減すべきなのか、どのコストは削減すべきではないのか、ここでも実は選択が必要となってくる。しかしとかく目先の数字の改善を求められる中、本来の企業の目的を見失いがちだ。企業の本来の目的はコストを削減することでなく、利益を増大させることのはずだ。安易なコスト削減は、市場獲得のための企業活動に大きなダメージを与えることが少なくない。ゴールドラット博士は、こうした安易な行動に警鐘を鳴らしている。

21

いかに交渉が感情的になっても、相手を責めるのではなく、適切な妥協案を見出せない対立状況にお互いとらわれてしまったことが問題なのだ

『ザ・ゴール２』15ページ

私はテレビの前に戻ってニュースを見た。目新しい話題は何もない。セルビア人とイスラム教系住民、イスラエル人とアラブ人、誘拐事件……、世の中どこを見ても交渉事ばかりだ。仕事でも、頑固で憎たらしくて無分別な連中と年がら年中、交渉していた。決して楽しい仕事ではない。そんな連中とばかり交渉していたものだから、ジョナの言葉も最初は受け入れるのに苦労した。当然と言えば当然だ。ジョナが言うには、責めるべきは交渉相手の性格ではなく状況なのだ。自分が望んでいることと相手が望んでいることが相容れない、適切な妥協点が見出せない……、そんな状況こそ責められるべきだと言うのだ。

そうした状況が容易でないことは認めたが、相手の性格も大きな原因であると言い張って私は譲らなかった。するとジョナがあることを提案してきた。交渉相手が頑固で無分別だと感じ始めたら、相手も自分に対してまったく同じ考えを抱いていないかどうか確かめろとい

うのだ。
私はその言葉に従った。それ以来、仕事上のすべての交渉において、話が膠着し始めたら、このテクニックを使うようにしている。
（略）
「適切な妥協点が見出せないような交渉状態に陥ったら、すぐに対話《ダイアローグ》を中止しなさい。これが最初のステップだ」ジョナの声が頭の中に響いた。
（略）
次は二番目のステップだ。これには頭の切り替えが求められる。つまり、いかに交渉が感情的になっても、相手を責めるのではなく、適切な妥協案を見出せない対立状況にお互いとらわれてしまったことが問題なのだということを認めなければいけない。
これは容易ではない。（略）
妥協点などあるのだろうか。（略）
どうやら、次のステップに進んだほうがよさそうだ。正確に〈雲〉（対立解消図）を書く
――それが三番目のステップだ。

『ザ・ゴール２』14〜16ページ

ＴＯＣでは、二つの対立する手段・行動のジレンマが望ましくない現象を引き起こしていると考えている。これを解消することで、常に双方にとってメリットのあるウィン－ウィンのソリューションを導き出すことを目指す。そして「何を変えるか」（What to change?）、「何に変えるか」（What to change to?）、「どうやって変えるか」（How to cause the change?）という一連の問いに対し系統的に答えを導き出すのが、〝思考プロセス〟である。

22

まず最初にシステマティックな方法を用いて、その状況におけるすべての問題を関連づける因果関係を図に表します。この図を〈現状問題構造ツリー〉と呼びます

『ザ・ゴール2』125ページ

「もし、いつも火を消す作業に追われているとしたら、周りに問題がたくさんあるように思われるかもしれません」

「確かに、私の場合はそうだ」ジムが言った。

「〈思考プロセス〉では、こうした問題は一つひとつ独立した問題ではなく、むしろ原因と結果という強い因果関係で結びついていると考えています」

（略）

「この原因と結果の因果関係をちゃんと認識できるまでは、状況をはっきりと把握することはできません。ですから、まず最初にシステマティックな方法を用いて、その状況におけるすべての問題を関連づける因果関係を図に表します。この図を〈現状問題構造ツリー〉（Current Reality Tree）と呼びます。このツリーを構築できれば、問題すべてに一つひとつ

対応する必要がないことがわかります。コアの部分には原因が一つか二つしかないからです」

（略）

「（略）一つか二つのコアの問題が他のすべての問題の原因なんです。問題のほとんどは症状であって、問題ではない。そうした症状のことを、私はUDE（Undesirable Effects：好ましくない結果）と呼んでいます。コアの問題を原因として派生する結果なんです」

『ザ・ゴール2』124〜125ページ

■　■　■

TOCの思考プロセスの特徴は、やはりなんと言っても全体最適に目を向けている点だろう。一般的な問題解決手法に頼れば、目につくありとあらゆる症状に手を加えなければいけないと思い、ムダな努力を払ってしまいがちになる。しかし思考プロセスでは、根本的な問題は一つか二つで、その他はすべてこの根本的問題を原因とする症状だととらえる。すなわち、根本的問題を解消すれば他の症状も改善されると考えるのだ。やはり、ここでも選択と集中というTOCならではの強みが発揮されている。

23

君がコスト会計を『生産性の最大の敵だ』と呼んでいると言っていた奴もいたよ

『ザ・ゴール2』162ページ

「君がコスト会計を『生産性の最大の敵だ』と呼んでいると言っていた奴もいたよ」

「これは冗談ではありません」ムッとして言った。「製造や技術部門で私がこれまでに手がけてきた改善手法は、すべてコスト会計の評価方法に真っ向から対立するものです。効率、偏差、製品コスト、他にも挙げてみてください……、ことごとくこれらの反対を実行してきたんです。しかし、会社を改善させるためにはそれしかなかったのです。（略）」

『ザ・ゴール2』162ページ

■ ■ ■

コスト会計は、開発された二〇世紀初頭は確かに非常にパワフルですばらしい会計手法であった。しかし企業活動においてテクノロジーが急速に進歩し、産業界はその中身が大きく変化していったため、コスト会計の礎をなしていた前提がもはやその効力を失ってしまっているのだ。以前は製品一つを作るにしても、そのコストは、製造現場の作業員の賃金（直接労務費）の比率が高く、それ以外の製造間接費は微々たるものだった。ゆえに、この製造間接費を一つひとつの製品に配賦（割り当て）しても大きな問題とはならなかった。しかし今日この割合は逆転し、直接、製品の製造に関わっていない製造間接費の割合が著しく大きくなり、これを製品一つひとつに無理やり配賦しようとするものだから、その実態は大きく歪められてしまう。こうした歪曲を前提として企業活動をしようとするのだから、企業は生産性を失い迷走してしまうのだ。

24

私はスループット会計こそその方法だと断言します

『チェンジ・ザ・ルール！』ixページ

たとえば、コスト会計ですが、これは部分最適化の考え方に基づいていることは、もう誰もが知っていることです。それでは、これに代わる方法としていったいどのような会計方法を用いればいいのでしょうか。活動基準原価計算（ＡＢＣ）がいいと主張する人もいますが、私はスループット会計こそ、その方法だと断言します。しかし実際にはコンピュータシステムのほとんどが、いまだにこれまでと何ら変わらず「製造コスト」を計算し、そのデータを提供しています。

『チェンジ・ザ・ルール！』ixページ

■　■　■

コスト会計とスループット会計のいちばん大きな違いは、製造間接費の扱いだろう。コスト会計では、製造間接費を一つひとつの製品に配賦する。そのためたくさん製品を作れば、製造間接費がより多くの製品に振り分けられ、製品一個当たりの原価が安くなり利益が増えたように見える。

例えば、ある工場の在庫が一〇〇個だとしよう。販売高は変わらないのに生産高を増やして、在庫を従来の一〇〇個から一二〇個に増やすとどうなるだろうか。この場合、製造間接費がこれまでの一〇〇個ではなく、一二〇個に振り分けられるため、製品一個当たりの製造間接費は安くなる。つまり生産高を増やして在庫が二〇個増えただけで、原価計算では製品一個当たりの原価が安くなり、そのぶん利益が増えることになる。つまり、たとえ売れない製品であってもたくさん作って在庫を増やせば、見かけ上、利益が増えたように見えるのだ。このような評価基準だと、設備稼働を最大にして、いま必要な数以上作ってしまうことを招きやすくなる。

これに対し、スループット会計では、製造間接費の配賦を行なわず、原材料などの真の変動費のみを考慮する。販売高は同じなのに在庫（生産高）を増やせば、その原材料費のぶんだけ会社からキャッシュが減り、売れないかもしれない在庫という負債を抱えてしまうことが明らかになる。

つまりコスト会計に基づく数字を用いると、歪曲した経営判断につながる危険性がある。その歪曲を是正するために考案されたのが、スループット会計と言えよう。

25
真のメリットを享受するには、同時にルールを変えなければいけません

『チェンジ・ザ・ルール！』xページ

古いコンピュータシステムから新しいシステムに切り替えるのが楽な作業でないことは、誰でも知っていることです。しかしもうすでにおわかりのことと思いますが、コンピュータシステムを変えること自体は大局から見れば、実はほんの一部分にすぎないのです。真のメリットを享受するには、同時にルールを変えなければいけません。長年にわたって行動パターン、カルチャーなどとして形成されてきたルールです。

『チェンジ・ザ・ルール！』xページ

■　■　■

コンピュータを導入して新しいインフォメーションシステムを構築しても、期待どおりの成果が出ないことも少なくない。従来の部分最適のルールを変えずに新しいシステムを導入すると、かえって部分最適の行動が現場に根づいてしまうリスクさえある。ゴ

ールドラット博士は、ルールを変えることを極めて重視している。ルールを変えなければ、コンピュータの本来のすばらしい能力を最大限に引き出すことはできないと主張しているのだ。

26

自分のところに十分な仕事が流れてこない。そんな時、社員がどう思うかです。『いったい、いつ解雇を言い渡されるのか』――そんな疑念が彼らの脳裏に浮かんだとしても不思議ではありません

『チェンジ・ザ・ルール！』143ページ

二人が感心する様子もないのを察し、マギーは、今度は別の角度から説明を試みた。「いいですか、ルールを変更するのは容易なことではありません。社員は変化を恐れています。オーダーの作業開始をわざわざ遅らせなければいけなかった時にどう思ったか、彼も言っていたではないですか。顧客からのオーダーはある、資材もある、作業員の手は空いている。それでも作業を開始しない。彼でさえ不安だったんです。だったら、社員がどう思ったか想像がつきませんか。

自分のところに十分な仕事が流れてこない。そんな時、社員がどう思うかです。『いったい、いつ解雇を言い渡されるのか』――そんな疑念が彼らの脳裏に浮かんだとしても不思議ではありません。そんな状況で社員の全面的な協力を取りつけようとしても、そう簡単には

いきません。（略）」

『チェンジ・ザ・ルール！』142〜143ページ

■
■
■

TOCは、従来の現場の常識から逸脱したまさに大きなパラダイムシフトである。生産性、効率に対する社員の認識の変革、そして新しい評価尺度の導入など、企業経営者、マネジャーの手腕が試されるのである。

長年親しんだ考え方を変えるのは簡単ではない。しかし、大きな投資がいるわけではない。しかも、得られるものは大きい。

27
テクノロジーというのは必要条件ではあるが、それだけでは十分ではないんだ

『チェンジ・ザ・ルール！』175ページ

「新しいテクノロジーがメリットをもたらすのは、新しいテクノロジーを用いてこれまでできなかったことができるようになった時、つまり既存の限界を超えることができた時だ。単純な常識だよ」

（略）

「新しいテクノロジーを導入しても、できることが増えなければ、つまりこれまでの限界が少しも軽減されなければ、何のメリットもない。（略）」

（略）

「私の論理には重要なポイントがもう一つある。当たり前のことなんだが、新しいテクノロジーを導入するということは、それまでそこに限界が存在していたことを意味する。その限界と長い間、共存してきたということだよ。どうやって共存してきたのかだが、わかるかい。限界の存在を認識したら、それに合わせて習慣、評価尺度、ルールなどを作ってきたはずだ」

（略）

「さて、何らかの新しいテクノロジーを導入するとしよう。インストールはうまくいった。限界は軽減されたはずだ。しかし、この新しいテクノロジーの導入プロセスの中で、ルールを規定するのを怠ったらどうなるだろうか。いまだに昔ながらのルールに基づいて行動しているとしたら？　以前の古い限界がいまだに存在することを前提としたルールだ」

「その場合、ルール自らが限界を課すことになると思う」レニーが答えた。

「そのとおり、もしそうだとしたら、新しいテクノロジーを導入して、どんなメリットが得られると思う？」

「わからない。どんなテクノロジーかにもよる。しかし、君の言わんとしていることはわかる。ルールを変えなければ、新しいテクノロジーを導入しても、そのメリットはフルに活かされない」

スコットは夜空を見上げて、またパイプをくわえる真似をした。「いいかい、ワトソン君。テクノロジーというのは必要条件ではあるが、それだけでは十分ではないんだ。新しいテクノロジーをインストールして、そのメリットを享受するには、それまでの限界を前提にしたルールも変えなければいけない。常識だよ」

『チェンジ・ザ・ルール！』１７３〜１７５ページ

■　■　■

最新のＩＴテクノロジーを導入するのは、なぜだろうか。それは、従来のやり方ではできなかったことを可能にするためである。つまり新しいコンピュータシステムのメリットとは、それを使うことによって従来できなかったことができるようになること、これまでの限界を撤廃して新たな可能性を切り拓くことにある。そしてこれまでの限界が取り払われれば、それに応じて当然ルールも変えなければいけないのだ。

28

いちばん予測が正確なところに、在庫をいちばん多く集めるのです

『チェンジ・ザ・ルール！』266ページ

「しかし予想がお粗末なのは、ＢＧソフトのコンピュータシステムに欠陥があるからではありません。本来、何週間も先の特定の地域における特定の製品の販売を正確に予測すること自体、理論的に不可能なのです。何週間も先の天気を正確に予測するのが不可能なのと同じです。ソフトウェアは傾向を予測できれば、それで十分なのです。それ以上のことを期待する必要はありません」

これは非常に重要なポイントだ。みんなの頭にしっかりこれが伝わるのを待って、スコットは話を続けた。「しかしブライアン、あなたは工場の製造現場にＴＯＣを導入して、その経験も豊富なはずです。販売予想で頭を悩ませているのなら、どうして流通部門にもＴＯＣのアプリケーションを使ってみないのですか」

「流通にもＴＯＣを利用できるのですか？　そんなアプリケーションがあるなんて知りませんでしたよ。詳しく教えてもらえませんか」

「ええ、いいでしょう。同じ会社の中でも部門、部署が異なれば、予測の精度も異なります。このアプリケーションはこの点に着目しています。いちばん予測が正確なところに、在庫をいちばん多く集めるのです」

（略）

「予測の精度は、サンプルが少なければ少ないほど落ちます。ご存じないのですか。一店舗で考えれば、今週の売上げが先週の三倍になったり、三分の一に減ったりなどということは十分にあり得ます。これでは正確に予測することなど不可能です。しかし、北米地域の全店舗の売上げ合計ということになると、こう大きく変動する可能性はきわめて低いはずです」

「なるほど、そのとおりですね」ブライアンがうなずいた。「それで？」

「ということであれば、北米全域を対象に販売予想を立てている場所に在庫を集めるのが、最も理に適っているはずです。とりあえず予測精度は、そこがいちばん高いはずです」

『チェンジ・ザ・ルール！』265〜267ページ

■　■　■

科学的に考えることをベースにしているTOCらしく、予測についても確率、統計学を活用することで予測の精度を上げる方法を提唱している。一般に現場に近いほうが予測の精度は高くなると考えられがちだが、実際には現場に近ければ近いほどサンプル数が少なく、需要の変動が大きくなる。その一方、もっと広域エリアである北米全域での需要ならばサンプル数が大きくなり、変動も小さくなる。変動が大きいところで予測するのと、変動が少ないところで予測するのは、どちらの予測が正確か。もちろん変動が少ないところで予測を立てるほうが賢明である。数学的に見れば当たり前のことを、在庫管理の全体最適運用にも活用できることを示している。

29 つまり評価尺度には、時間と金額の両方が考慮されるべきだと思います

『チェンジ・ザ・ルール！』276ページ

これにもまたみんな納得している。「つまり評価尺度には、時間と金額の両方が考慮されるべきだと思います。こういうのはどうでしょう。出荷が遅れた場合、遅れたオーダーの金額に遅れた日数を掛けて、その数字をもとに評価するというのは……。この方法は〈スループットダラー・デイズ〉（throughput-dollar-days：スループット（$）×日数）と言います。どう思いますか」

スコットは、みんなの反応を確認したうえで話を続けた。「もう一つ……在庫ですが、いまは金額だけで評価しています。しかし、どれだけの在庫を持つべきか、工場にその決定を一任するのであれば、時間も考慮すべきです。在庫量だけで評価すべきではありません。在庫がどのくらいの速さで動いているのかも評価の対象にすべきです。ここでは、〈インベントリーダラー・デイズ〉（inventory-dollar-days：在庫（$）×日数）を評価尺度に用いてはどうでしょうか。在庫の金額と在庫が工場に置かれている日数を掛けて計算します」

「つまり〈スループットダラー・デイズ〉はゼロを目指し、〈インベントリーダラー・デイズ〉はできるだけ低い数字を目標にするということですね」

『チェンジ・ザ・ルール！』276〜277ページ

■　■　■

出荷が遅れた場合の損失をどう評価するか。ゴールドラット博士は、金額だけでなく、時間の概念も入れるべきと主張する。例えば欠品が一日あれば、一日分の売上金額の損失となる。したがって時間の概念を入れるのは、考えて見れば当たり前のこととも言える。一般に、在庫金額を日数で評価することも多いので、この時間の概念は受け入れやすいだろう。

30

企業はコストを削減することばかりに目を奪われて、重要なことを忘れている。プロジェクトの目的は、コストを減らすことではなく、お金を儲けることだということを

『クリティカルチェーン』95ページ

「さっきのレポートに書かれていることなんですが、信頼できる業者よりコストの低い業者を選んでいるんです。それで、どれだけコストを節約できたと思いますか」私はなかなか諦めなかった。

「そんなこと訊かれても……、五パーセントぐらいかな。五パーセントよりずっと多いことはないだろう」

「プロジェクトの完成が遅れた理由ですが、実はコストの低い業者からの機械の納入が遅れたのがいちばん大きな原因だったんです」

「なるほど、君の言いたいことが見えてきたぞ」そう言うと、ジムはフレッドのレポートを再び手に取り、しばらくの間じっくりと目を通した。「なるほど、機械のコストは約五パーセント節約できたわけか。投資額全体からするとたぶん三パーセント以下だろう。この節約

のせいで、三年でペイバックできるはずのプロジェクトが……」そう言いかけたところで、ジムは口を閉じた。

「たった三パーセント節約するために、せっかくのプロジェクトを台無しにしてしまった」私は、ジムの言葉を補った。

（略）

企業はコストを削減することばかりに目を奪われて、重要なことを忘れている。プロジェクトの目的は、コストを減らすことではなく、お金を儲けることだということを。

『クリティカルチェーン』94～95ページ

■ ■ ■

企業がプロジェクトを行なう場合、予算計画を立てることは欠かせない。その計画の中で最も重要とされる事項のひとつにコストがある。企業は多くの業者から見積もりを取り、いちばん安価な業者を使おうとする。当然と言えば当然の行為だ。しかし、企業のプロジェクトの成否はコストだけで決まるものではない。コストを下げることで本当にプロジェクトはより効果的に利益を生むことになるのか、そうした検証もせずに、あたかもコストを低く抑えることこそプロジェクト運営の最重要課題のようにプロジェクトが管理されてしまうことも決して少なくはない。しかし考えてほしい。コスト削減はあくまで手段であって目的ではない。手段は目的を達成するためのもので、目的の達成を危うくするものは手段として適切ではないのだ。目的と手段を履き違えたプロジェクトは絶対的に避けなければいけない、とゴールドラット博士は説いている。

31

プロジェクト・リーダーにとって、何がいちばん致命的かと言えば、集中力を失うこと、優先順位を取り違えてしまうことです

『クリティカルチェーン』106ページ

「もしすべてのパスを、始められる最も早いタイミングで始めたとしたら、同時進行しなければいけない作業が増えて、プロジェクト・リーダーは混乱してしまいます。私の経験では、同時にたくさんのことに手をつけたら、何を先にやったらいいのか神経を集中することができなくなってしまいます。プロジェクト・リーダーにとって、何がいちばん致命的かと言えば、集中力を失うこと、優先順位を取り違えてしまうことです」

『クリティカルチェーン』105〜106ページ

■　■　■

プロジェクトは、常に不確実性を伴う。だからこそ、できるだけ早めに始めたいと思うのが、人の性《さが》と言えよう。しかし、ここに落とし穴が潜んでいる。同時にいくつものことに手をつけて集中力が削がれると、仕事の質は下がり、納期遅れや手直しにつなが

る。早めに始めれば早く終わるというのは、一つの仕事なら確かにそのとおりだが、いくつもの仕事が同時にある場合はマルチタスクに陥ってしまい、結果的にすべてが遅れかねない。こうした事態を防ぐために、クリティカルチェーンでは、人の集中力が保てるよう手法が組み立てられている。

32

目指すのは、組織全体の改善、強度アップです。改善努力には時間とお金、そして労力が伴います。ということは、組織全体の改善を図るには、部分的にいくらたくさんの努力を行ってもダメだということです

『クリティカルチェーン』138〜139ページ

「（略）みなさんは、まだ鎖全体の社長です。私も、まだあなたの部下でひとつの輪を担当しています。強度のいちばん弱い輪はひとつしかありません。こうしましょう。私が担当している部門、つまり私の輪はいちばん弱い輪ではありません。いいですか。ここで社長であるあなたは、私に輪を改善しなさいと再度命じます。そして、私は命じられたとおりがんばって、あなたのところへがんばりました、改善しましたと報告に行きます。私は自分の担当する輪の強度を高めたのです。以前の三倍の強さにしたのです。褒めてやってください」

彼は間を置いて、笑顔を見せた。「いいですか。みなさんは、実は、私の輪にはあまり興味がないんです。興味があるのは鎖全体です。私の輪は、いちばん弱い輪ではありません。私ががんばって自分の輪を強くしたとしても、鎖全体の強度はどれだけ増したのでしょうか。

ゼロです。まったく強くなっていません」

（略）

「部分的にいくら改善したとしても、組織全体の改善にはつながらないのです」ほとんど叫ぶような声だ。「目指すのは、組織全体の改善、強度アップです。改善努力には時間とお金、そして労力が伴います。ということは、組織全体の改善を図るには、部分的にいくらたくさんの努力を行ってもダメだということです」

『クリティカルチェーン』138〜139ページ

■　■　■

ゴールドラット博士は、自身の著作の中で多くの喩えを記している。その中でも鎖の話は、特に有名な喩えであろう。全体最適を説明するうえで最初に用いられるのがこの鎖の喩え話で、極めてわかりやすくTOCの基本概念を説いている。あなたはいったいどの輪を強くしたいのか——そんな問いを投げかけながら、相手に考えさせる博士ならではのアプローチだ。

33

例えば、〝月末症候群〟という言葉をご存じですか

『クリティカルチェーン』139ページ

「（略）コストをコントロールするには、コスト・ワールドに従ってマネジメントします。同様にスループットを守るには、スループット・ワールドに従えばいいのです。では、同時にコスト・ワールド、スループット・ワールド両方に従ってマネジメントすることはできるのでしょうか」

（略）

「例えば、〝月末症候群〟という言葉をご存じですか」

大勢が笑った。特に企業招待者から多くの笑いが漏れた。

「月の初めは、コストをきちんとコントロールします。残業も極力抑えます。バッチサイズも最適に保たれます。しかし月末になると、そんなことを言っている余裕などありません。早く出荷するためだったら、何でもありになってしまいます。この製品をあと三つだけ大急ぎで作れ、週末はずっと残業だ、とにかく早く出荷しろ、となってしまうのです」

ここで、ジョニーは急に声を低くした。「何が起こったかわかりますか。つまり、月初はコスト・ワールドに従ってマネジメントしているのですが、月末にはスループット・ワールドに従っているのです。（略）」

『クリティカルチェーン』139ページ

■　■　■

コスト・ワールド、スループット・ワールドと言っても、なかなか理解できない人も少なくはないだろう。しかしこの引用によると、月初めはコスト・ワールド、月末はスループット・ワールドといった具合に、私たち自身、実は身近に経験していることなのだ。ああ確かにと気づいた人も多いことだろう。つまり、スループット・ワールドに身を置くこと自体はさほど目新しいことでも何でもないのかもしれない。大きな違いは、本来の目的を認識したうえで体系的にそれを行なっているかどうかだろう。

34

コンフリクトが生じた場合、それは誰かが間違った仮定をしているからだ

『クリティカルチェーン』150ページ

「例えば……、建物の高さを測るとしましょう。ある方法を用いて測ったら、高さは一〇ヤードでした。別の方法を用いたら二〇ヤードでした。コンフリクトです。しかし、だからと言って、お互い妥協して一五ヤードで手を打とうなどという話になるでしょうか」

みんな笑っている。

「サイエンスの世界では、コンフリクトが発生した場合いったいどうするのでしょうか。科学者のリアクションは、私たちのとはずいぶん異なります。私たちは、何とか折り合いのつくところで妥協点を見出そうとしますが、サイエンスではそんな考えは微塵たりとも起こりません。スタート地点からして違うのです。妥協をまったく許さないのです。この世の中にコンフリクトなど存在しないと考えるのです。

二つの方法がともに広く認められている方法だとしても、科学者は本能的にいずれかの方法に問題がある、理論上の仮定が間違っていると結論づけるのです。そうした時、彼らは、

間違った仮定を探して修正することに全精力を注ぎ込みます（略）」

（略）

「TOCの理論の中で何がいちばん斬新かと言えば、おそらくこの考え方でしょう。コンフリクトが生じた場合、それは誰かが間違った仮定をしているからだ、しかしその仮定は修正することができ、修正することによってコンフリクトは取り除くことができる、という考え方です。どう思いますか」

『クリティカルチェーン』149～150ページ

■　■　■

コンフリクトが起きると、とかく人は妥協してしまう。対立を避けて、どっちつかずにフラフラしたり、あたかも対立などないようにしたりすることも多々ある。しかし、ゴールドラット博士の考えはまったく異なる。たとえ妥協しても、根本原因のコンフリクトは解消されていないので、いずれまた同じような問題は起きる。したがって、そんな曖昧な問題解決は本当の解決策になり得ない。コンフリクトは、前提を修正することで取り除くことができる。だからこそ、その前提を検証すべきと博士は主張している。

35 学生症候群です

『クリティカルチェーン』190ページ

「（略）セーフティーを用意していても、プロジェクトが予定どおりの期間で終わらない。どうしてそうなるのか、ここまでみんなの話を聞いていて説明がつくような気がします。（略）」

（略）

「つまり、もし我々のロジックに間違いがなければ、プロジェクト全体としてだけではなく、各ステップごとでもセーフティーをどこかで浪費していることになる。しかしどうやって。（略）」

長い沈黙の後、トムが手を挙げた。「単純に無駄遣いしているだけでは？」

（略）

「例えば、今日の宿題です」

（略）

「宿題をもらった時、二週間では足りないと抗議して、提出日を先に延ばしてもらいました。だけど時間がもっと必要だとあれだけ大騒ぎしたあとで、すぐに宿題に取りかかった人がこの中に何人いるでしょうか。おそらく、一人もいないと思います」

（略）

「学生症候群です」ブライアンが発言した。「セーフティーが必要だと大騒ぎする。そして、セーフティーをもらう。時間的に余裕ができる。でも時間的に余裕ができたからといって、すぐに作業を始めない。じゃ、いつになったら作業に取りかかるのか。結局、ぎりぎり最後になるまで始めないんです。それが人間というものです。人間だからしょうがないんです」

『クリティカルチェーン』189〜190ページ

■　■　■

人は、何ごとにつけても先延ばしにする傾向がある。やるべき作業に時間的余裕を与えられると、人は「まだまだ余裕がある、後でやっても間に合う」と考え、すぐには取りかからずに後回しにしてしまうのだ。そんな人の性《さが》を認識することが重要だと博士は注意を促している。

36

すべてを優先しなければいけないということは、言い換えれば、どれも優先しないことと同じことだ

『クリティカルチェーン』107ページ

「（略）私の経験では、同時にたくさんのことに手をつけたら、何を先にやったらいいのか神経を集中することができなくなってしまいます。プロジェクト・リーダーにとって、何がいちばん致命的かと言えば、集中力を失うこと、優先順位を取り違えてしまうことです」

（略）

「もし、ぎりぎりまで待ってスタートすれば……」私は声に出しながら思案した。「……パスには、時間的余裕は一切なくなる。ということは、もしそのパス上で何らかの遅れが生じたら、プロジェクト全体にも遅れが生じる」

（略）「つまり、すべてのパスを最後まで待って開始したとしたら、すべてのパスが重要になってしまうということです。つまり、すべての作業に常に注意を払わなければいけない、すべてを優先しなければいけないことになります。つまり、何を優先したらいいのか、もはやわからなくなるということです」

「すべてを優先しなければいけないということは、言い換えれば、どれも優先しないということと同じだ」

『クリティカルチェーン』105～107ページ

■　■　■

集中力を失わずによい仕事をするために、優先順位をつけることが重要であることは多くの人が理解している。しかし、実際に優先順位をつけようとすると極めて難しい。それぞれの仕事には、それぞれに何らかのしがらみがあるからだ。その結果、いつの間にか、すべてが最優先という状況に陥りやすくなってしまう。本当に集中力を失わずによい仕事をするために、何を優先するかということを議論するよりも、組織全体の視点から、いまは何をやらないかを決めるための議論することのほうがはるかに大事である、と博士は警鐘を鳴らしている。

37

プロジェクトは、予定どおり終わらないし、予算オーバーするものです。そんなこと、誰でも知っています

『クリティカルチェーン』40ページ

「エンジニアリングでは、期限に遅れたり予算をオーバーするのは当たり前のことです。それに、実はとっておきの策がひとつあるんです。どうしようもなくなった時は、設計や仕様を縮小すればいいんです」

これは面白い。「そんなことは頻繁に?」（略）

「あまり認めたくはありませんが、結構やっています」

「他のみんなはどうですか。プロジェクトが期日までに終わらなかったり、予算をオーバーしたために機能や仕様を削ったり、当初の計画を縮小して妥協した経験はありませんか」

「妥協と呼べるかどうかはわかりませんが」（略）「新しいオフィスが完成して、それも予定より四か月しか遅れていなかったのですが、いざ入居してみると、デスクはないし、エアコンも動かなかったことがありました」

（略）「プロジェクトは、予定どおり終わらないし、予算オーバーするものです。そんなこと

誰でも知っています。予定の期日までに終わるとしたら、それは当初の計画を縮小して妥協したということです。特にシステム・プログラミングや製品設計の場合はそうだと思います」

『クリティカルチェーン』39～40ページ

■　■　■

予定どおりに終了せず、予算もオーバーするのが当たり前になっているプロジェクト。プロジェクトマネジャーだって、メンバーだって納期を遅らせようとしたり、予算オーバーしようと思ってプロジェクトに取り組んでいるわけではない。むしろ現場は、納期を守り、予算を死守することに必死である。それにもかかわらず、同じような問題が繰り返し起こるならば、現在のプロジェクトマネジメントの方法の前提に何らかの間違いが潜んでいるはずである。そこにブレークスルーのチャンスがある、とゴールドラット博士は考えた。その考え方こそが、クリティカルチェーンという画期的なプロジェクトマネジメント手法の開発につながることになる。

38

プロジェクトを構成する一つひとつのステップには、実はセーフティーがたくさん組み込まれているということだ

『クリティカルチェーン』72ページ

「つまり、君の見積もりには不確実要因、君の言葉を借りればマーフィーだが、それから身を守るためにセーフティーを組み込むということかね」

「そういうことだと思います」

「しかし、君が妥当だと考える見積もりと中央値を比べると、セーフティー部分は二〇〇パーセントどころじゃなさそうだが」

「そうですね、二〇〇パーセント近くあると思います」マークが認めた。

（略）「（略）不確実性が大きければ大きいほど、この差が大きくなるということだ」

「ということは、セーフティー部分が二〇〇パーセントか、それ以上あっても別に異常ではない。普通だということですね」ルースが考えながら言った。

「（略）つまり、プロジェクトを構成する一つひとつのステップには、実はセーフティーがたくさん組み込まれているということだ。わかってきたかな。普段、私たちがどれだけのセ

ーフティーを組み込んでいるのか」

（略）

「結論だが、すべてのプロジェクトには不確実要因が存在しており、これが多くの問題の根本的な原因になっている。そのことはみんな、わかっている。だからこそプロジェクトの計画にあたってはセーフティーをたくさん組み込む。（略）」

『クリティカルチェーン』71〜72ページ

■　■　■

個々の工程のスケジュールを決める時、人はどうしても時間を多めに見積もってしまう。人は誰も他人をがっかりさせたいとは思っていない。その結果、個々の工程は、自らを保護しようと多めに見積もり時間、いわゆるセーフティー（安全余裕時間）を付け足してしまうことになる。

39

『クリティカルチェーン』というのは、どうですか。従属ステップがいちばん長くつながっているところ、つまり鎖ですから

『クリティカルチェーン』335ページ

「そうだ。でも定義は大事だ。一度、定義を整理してみよう。とりあえずクリティカルパスの定義は、そのままということにしておこう。いちばん長いパスだ。さて、ここからだ。もう、みんなわかっていると思うが、ここで重要になるのが制約条件だ。制約条件は、従属ステップがいちばん長くつながっているところだ。従属関係がリソースに起因することも考慮しないといけないわけだから、これには別の名前を用意したほうがいいだろう」

「『クリティカルチェーン』というのは、どうですか。従属ステップがいちばん長くつながっているところ、つまり鎖ですから」ブライアンが提案した。

『クリティカルチェーン』334～335ページ

■　■　■

クリティカルパスは、一般的なプロジェクトマネジメントで多く用いられている手法

だ。しかし、クリティカルパスには弱点があった。それはリソースに起因する従属関係が十分に考慮されていないことだ。ゴールドラット博士は、この従属関係を極めて重要視している。そして、その弱点を補ったのがクリティカルチェーンである。作業工程には、必ず順序という従属関係がある。そして各工程に投入できるリソースの能力には限りがあり、そのために発生する従属関係がある。この双方を考慮して最短でプロジェクトを完成させる手法がクリティカルチェーンである。

40 納期を守るには在庫を蓄えておくだけでなく、時間を利用することもできるのです

『ゴールドラット博士のコストに縛られるな！』183〜184ページ

マーフィーが発生しても、顧客の注文を納期どおりに納入するには、やはり完成品の在庫を蓄えておくしか方法はないのでしょうか。違いますか。

いいえ、そうとは限りません。例えば、一定の期日までに製品を納入すると顧客と取り決めたとします。納期に遅れるようなことは許されませんが、一方、納期より早く納入すれば、顧客はとても喜んでくれます。（略）このような場合、つまり納期より早く納入する自由が与えられている場合、完成品の在庫を蓄えておくことだけが納期を守る唯一の方法でしょうか。

（略）納期を守るには在庫を蓄えておくだけでなく、時間を利用することもできるのです。

『ゴールドラット博士のコストに縛られるな！』183〜184ページ

■

■

■

納期を守るために、在庫を持つことだけが唯一の方法だろうか。この疑問を持つことで、ゴールドラット博士は「在庫」という概念から「時間」という、より汎用的な概念を導き出している。こうしてタイムバッファという概念が生まれ、ＴＯＣのバッファマネジメントという手法が生まれたのだ。時間という汎用的な概念を利用することで、物理的に在庫を持つことができないサービス産業などにも、ＴＯＣが活用される道が拓けたのである。

41

『謙虚で尊大』とでも言おうか

『ザ・チョイス』12ページ

「おまえが科学者だっとしよう。そして、おまえは新しい発想に基づいて装置を作ろうとしている。もちろん、経験豊富な科学者だったら、まずは実験だ。最初に、プロトタイプを作る。さて、プロトタイプからは何が期待できるかな？」

私は慎重に言葉を選んだ。「そうねえ、最初からうまく動いてくれるなんて期待するのは愚かね。どこが思ったとおり動いて、どこが動かないか、それを確かめるのがプロトタイプの役目よ」

「そのとおりだ。では、プロトタイプを作って、だいたいは思ったとおり動いたけど、一か所だけうまく動かなかったとしよう。いいかい、ここが重要だ。思ったとおり動かなかったのは、ほんの一か所だけ。だけど、どこか一か所でも動かなければ、装置全体としては失敗だ。うまく動かないか、まったく動かない。いいかい、エフラット。こんな時、このプロトタイプを作った科学者、つまりおまえはがっかりするかな？」

（略）「ええ、少しはね」と私は答えた。

「なるほど。では、うまく動かない部分をどうやって修正したらいいのかわかったとしたら、今度はどんな気分になるかな」

「きっと元気が出てくるわ」

（略）

「では、ある装置を作るとして、そのプロトタイプを設計する科学者と、その装置を使うだけの人との違いは何かな？」父が質問した。

簡単な質問だ。自信を持って、私は答えた。「普通の人はたいてい、どうやってその装置が動くのか、その中身のことなんかよくわかっていないわ。彼らにとっては、ただの箱にしかすぎないの。だから、装置がうまく動かないと、がっかりするのよ。どうしてもその装置を使わなければならない時は、がっかりするだけでなく、イライラするわね」

私の答えに、父は頷いた。

「でも科学者は違う」私は続けた。「どうやって装置が動くのか、それから箱の中身がどんな仕組みになっているかもわかっている。何がどうしたから、どう動くのか、その原因と結果、つまり因果関係をちゃんと理解しているわ。だから、もしそのプロトタイプが動かなくても、どの部分の因果関係が有効で、どこが有効でないかさえわかれば、うまくいかなかったことにがっかりはしても、理解が深まったことに対する満足感は得られるはずよ」

父は身を乗り出して言った。「プロトタイプや新しい試みがうまくいかない時、選択肢は二つある。一つは、結果に対して不平をブツブツもらすこと。もう一つは、何をどう修正しなければいけないのか、その結果から新たな知識を獲得することだ。（略）」

（略）

「父さんにとっては、すべてがプロトタイプのようなもの。他の人が失敗してがっかりしたり、苛立つような状況も、父さんにとっては全部エネルギーの源なのよ」

（略）なるほど、これは新しい発見だ。科学者は、ものの見方が普通の人と違う。（略）まず、何でもわかっているなどと思ってはダメなのだろう。自分には知らないことがたくさんある、と謙虚でなければいけない。事実、うまくいくと思っているから、がっかりするのであって、最初からうまくいくはずなどないと思っていれば、ものごとがうまくいかなくても、がっかりしなくてすむ。

しかしその一方で、自信も必要だ。ものごとがうまくいかなくても、必ず何かいい解決策、ソリューションを見つけることができるという自信を持っていなければいけない。

謙虚でありながら、自信も持て。あわせて『謙虚で尊大』とでも言おうか。

『ザ・チョイス』8〜12ページ

■
■
■

必ず問題は解決できるという自信を持て、しかしその一方で、ものごとが最初からうまくいくとは思うな、そう博士は言いたいのだ。これこそ科学者にとって絶対的に必要な心構えなのだろうが、一般人にとってはそう簡単なことではない。しかしそのような信念があってこそ、これほどの偉業をゴールドラット博士はなし得たのだろう。企業活動においてだけではない、人生のありとあらゆる面でぜひとも習得したい特質だ。

42

幸運は、準備と機会が巡り合った時に訪れる（中略）不運とは、現実と準備不足が巡り合った時に訪れる

『ザ・チョイス』13ページ

「二〇〇〇年前、セネカ（古代ローマの政治家、思想家、詩人）が言った言葉を知っているかな？『幸運は、準備と機会が巡り合った時に訪れる』と彼は言ったんだ。どう思う」

（略）

父の講義は続いた。「もし、何も準備ができていないとしたら、どうなる？　もし次々と機会が訪れたとしてもそれに気づかなければどうなる？」

これは簡単な質問だ。「準備ができていなければ、その機会をとらえることはできないわね。そういう人は、ある日、突然、幸運が訪れてくるのを何もしないでただ待っているだけ。機会がまわりにいくらあっても気づかないし、そういう人に限って、自分は恵まれていない、環境のせいだとか、自分にはそんな力はないって言うのよね」

（略）

「不運はその逆だ。不運とは、現実と準備不足が巡り合った時に訪れる。しかし科学者のよ

うなやり方で現実にアプローチすれば、必要な準備は用意することはできる」
そして、父は「もし準備ができていなければ、どんな選択の自由があると思う？」と訊ねた。

なるほど、選択の自由とは、単にいくつかの選択肢の中から、よいものを選ぶことだけではなさそうだ。選択の自由とは、与えられた機会に気づいて、それを真の機会に変えることができる能力も関係があるということなのだろう。

（略）

「父さんはいつもまわりの現実を観察して、ロジカルマップ（論理マップ）を考えているわよね。それには、メリットが二つあると思うの。まずは、与えられた機会に気づきやすくなること。それも、自分にとってとっても重要な機会にね。（略）そしてもう一つのメリットは、やっていることが最初からうまくいかなくても、やる気を失わなくてすむっていうこと。反対に、何が足りないのかがわかって、今度こそは、とますますエネルギーが湧いてきて、機会を成功につなげることができるわ。（略）」

『ザ・チョイス』12～14ページ

■　■　■

これはいかにも哲学的な思考である、と考えてしまうところだが、博士はそれで終わらせない。要は、機会をキャッチして、それを活かすのにも科学者的なアプローチが活用できると説いているのだ。科学者のように常に自分を取り巻く環境、事象の因果関係を観察し、チャンスが到来した時には、すばやくこれをキャッチする。そうした準備があってこそ、初めて成功につながるのかもしれない。ただ漫然と人生を送っているだけでは機会があってもそれに気づくことも難しく、真の成功などあり得ないのだ。それを実践してきた博士の言葉ならではの力強さを感じる言葉である。

43

つまり、人は障害を克服する方法を見つけた時、何らかのブレークスルーを考えついた時に、有意義な機会に巡り合えるのだ

『ザ・チョイス』49ページ

人は、望ましくない状況に直面し、自分ではどうすることもできないと感じる時、閉塞感を味わう。そうした状況で成功するには、何らかのブレークスルーが必要だ。父のレポートにあるような劇的なものではないにしても、何らかのブレークスルーが必要なことは間違いない。本当に有意義な機会とは、閉じ込められた状況の中で、どうすればその障害を克服できるのか、そのことに気づいた時に訪れるのではないだろうか。

（略）

これは個人に限ったことではない。グループや集団、あるいは会社といった組織でも同じだ。（略）しかし、すでに用意されている豊富な資源や頭脳を活用して品切れや売れ残りを減らす努力をする代わりに、より目につきやすいコスト削減にばかり労力を費やすのだ。

『ザ・チョイス』48～51ページ

閉塞した状況に追い込まれた時こそブレークスルー的な発想が求められ、そういう時にこそ真にブレークスルー的なソリューションが生まれるのだ。それは新しい技術であったり、新しい販売戦略であったりする。そうしたブレークスルーを介してこそ、企業は一歩も二歩も上の次元へ進化していくことができるというのだ。

■
■
■

44

ものごとは、そもそもシンプル、単純だという考え方を受け入れることが大切なんだ

『ザ・チョイス』58ページ

私が顔をしかめると、父は質問に答えてくれた。「明晰な思考をするためには、シンプルに考えることが必要だ。ものごとは、そもそもシンプル、単純だという考え方を受け入れることが大切なんだ。単なる概念としてではなく、自分を取り巻く現実を観察する時の実用的な方法として受け入れないとダメなんだ」

（略）

「『ものごとは、そもそもシンプルである』というのは、まあ簡単に言えば、近代科学すべての基本だな。ニュートンも『自然は極めてシンプルで、自らと調和している』と言っている」

「極めてシンプル？　どういう意味かしら」

「私たちを取り巻く現実はたいてい、人の目には複雑に見える」

「そうね」

「例えば、世界中のあらゆる物体の動きを考えてごらん。衝突や爆発なんかもだ。それ以上に複雑なものって、何かあるかな。ものすごく複雑に見えるじゃないか」

「人間の行動」と私は言いたいところだったが、また父の説明の邪魔はしたくなかった。そのまま黙って、父の説明に耳を傾けた。

「確かに複雑に見える。いや見えた。しかしニュートンが三つの法則を見つけて、変わった。いいかい、ニュートンは三つの法則を発明したんじゃない。発見したんだ。もともとあったシンプルさを明らかにしただけなんだ。それまで、おそらく人は『なぜ』などとは考えなかったんだろうな。そんなことを真剣に考えたのは、おそらくニュートンが最初の人だったんじゃないだろうか。『なぜ』『どうして』と真剣に考えて、答えになっていない答えには、満足しなかったんだ」

『ザ・チョイス』58～61ページ

■
■
■

この考え方こそが、ゴールドラット博士の発想の神髄なのだろう。しかし普通の人はまず、自らを取り巻く環境を眺めても、「なぜ」「どうして」と疑問を持つことさえしない。日ごろ見慣れている光景、状況、事象はあまりに当たり前すぎて、質問をするなどといった発想は起こらないのだ。たとえ発想できて、実際に「なぜ」「どうして」と質問を繰り返したとしても、根底になる共通の原因が現れるまで根気強く質問し続けることは難しい。そして結局、目の前の複雑な現実に、自分には無理だと諦めてしまうのだ。

「ものごとは、そもそもシンプルである」という信念を持つことが大事である。

45

『なぜ』『どうして』を繰り返すことは、ものごとを複雑にするどころか、逆にすばらしくシンプルにしてくれると彼は言っているんだよ

『ザ・チョイス』62ページ

「（略）いいかい、ニュートンは三つの法則を発明したんじゃない。発見したんだ。もともとあったシンプルさを明らかにしただけなんだ。それまで、おそらく人は『なぜ』などとは考えなかったんだろうな。そんなことを真剣に考えたのは、おそらくニュートンが最初の人だったんじゃないだろうか。『なぜ』『どうして』と真剣に考えて、答えになっていない答えには、満足しなかったんだ」

「答えになっていない答え？」

（略）「（略）いいかな、『なぜ』『どうして』と質問して、本当に意味ある答えを求めることはとても大切だ。それが鍵になるんだよ。（略）」

「わからないことがあったら、『どうして』って訊くことが大切なのはわかるわ。でも、それが『自然は極めてシンプル』というのと、どう関係があるの？」

「（略）もし、五歳の子供のように質問を続けていったら、どうなるだろう。どうして、ど

うしてと、答えのそのまた理由を求める。そんなふうに質問をどんどん続けていったら、疑問はますます増えていく。つまり『なぜ』『どうして』を繰り返すと、ものごとはどんどん複雑になっていく……そう直感的に、人は思うんだよ」

父は説明を続けた。「しかし、ニュートンが言っているのは、その反対だ。ものごとは収束していくと言うんだ。深く掘り下げれば掘り下げるほど、共通の原因が現われてくる。十分深く掘り下げると、根底にはすべてに共通した少数の原因、根本的な原因しか存在していない。原因と結果の関係を通して、これらの根本的な原因がシステム全体を支配しているというんだ。つまり『どうして』『なぜ』を繰り返すことは、ものごとを複雑にするどころか、逆にすばらしくシンプルにしてくれると彼は言っているんだよ。この自然界の事象はすべて収束する……、その直感と確認がニュートンにはあったんだ。彼が研究していた分野だけじゃない。自然界のあらゆる分野もそうだという直感と確信が、彼にはあったんだ。いいかい、現実というものは、すばらしいまでのシンプルさの上に成り立っているんだよ」

『ザ・チョイス』60〜63ページ

■　■　■

「なぜ」「どうして」を繰り返すことで自然界の事象が明解になり、より理解力が増すのは容易に想像できるのだが、これがものごとをシンプルにしてくれるという発想は一般人にはあまりないだろう。質問を繰り返し、本質を深く掘り下げることで、ものごとはより複雑になると考えてしまいがちだが、ゴールドラット博士はまったくその逆だと唱える。深く掘り下げることで本質は収束され、そこには共通の根本原因が見えてくるのだという。そのシンプルさが科学者にとっては極めて心地よいのかもしれない。

46 前提が違う、どこか根本的な前提が間違っていると考える

『ザ・チョイス』80ページ

「現実の世界には矛盾がない。しかし、対立は数えきれないほどある」

「よくわからないわ。矛盾と対立って、何が違うの。説明してくれないかしら」

「対立というのは、人が矛盾を求めている状態だ」

（略）

「対立に直面した場合、特に適切な妥協点をすぐに見つけることができない時は、矛盾に直面した時と同じようにすればいい。つまり、前提が違う、どこか根本的な前提が間違っていると考える。もし間違っている前提を見つけることができれば、対立の原因を取り除くことができる。原因を取り除くことで、対立はなくなる。そういうことよね」

『ザ・チョイス』78～80ページ

■　■　■

仕事、学校、友人、あるいは夫婦間、親子間で何らかの対立が生じたら、対立の原因となっている事柄の前提の中に思い込みがないか疑ってみてほしい。意外と簡単に対立を解消できることも少なくないはずだ。そのためには博士が言うように、科学者のように冷静にものごとを観察する姿勢を養いたいものである。

47

愚かなことに、学問の世界では、みんなその間違いを勧めているんだ。『最適化』などという格好のいい名前をつけて、対立を除去する方法ではなく、『最高の妥協点』を探し出す方法を一生懸命教えているんだよ

『ザ・チョイス』81ページ

昨日、私は、有意義な機会というものは、いかにして障害を除去できるのか、そして、いかにしてとうてい自分ではどうすることもできないと思われるような状況を克服できるのか、その方法を見つけることができた時に、その扉が開かれるのだという結論に達した。多くの場合、こうした障害は、適当な妥協点を持たない対立が原因で起こる。対立に直面した時は妥協するしか方法はないと思っていれば、前提のことなど考えることはないし、間違っている前提をどう除去したらいいかなどと方法を考えることも絶対にしない。それは、自分の経験からもよくわかっている。しかしそれでは、決して対立を取り除くことはできない。ブレークスルーを見つけることもできない。まわりに隠されているすばらしい機会を見つけることもできない。ただ、期待を低くするだけだ。

（略）

「愚かなことに、学問の世界では、みんなその間違いを勧めているんだ。『最適化』などという格好のいい名前をつけて、対立を除去する方法ではなく、『最高の妥協点』を探し出す方法を一生懸命教えているんだよ。まったく馬鹿げている。時間の無駄だ」

（略）

「（略）『ものごとは、そもそもシンプルである』というのは、現実は、現実のあらゆる面は、すべてごく少数の要素によって支配されていて、どんな対立も解消することができるということだ」

『ザ・チョイス』80〜81ページ

■　■　■

「最適化」という言葉は、実は最適ではなかったのか、とゴールドラット博士の言葉を聞いてなるほどと思ってしまった。一般的な最適化はものごとを最適にするどころか、根本的な問題をなおざりにし、場合によっては状況を悪化させてしまうこともあり得るというのだ。これは妥協の産物にほかならず、科学者である博士にとっては許し難い行為であるのだ。安易に最適化を図るべきではなく、ものごとの本質を見極め、仮定を修正することでどんな対立も回避できると博士は主張している。

48

人は、問題を相手のせいにしたがる……

『ザ・チョイス』94ページ

「人は多くの人と関わり合っているが、その関係は必ずしも良好で調和のとれた関係にはない。エフラット、きっとおまえもそうじゃないかな。では、なぜ調和がとれていないのだろうか。理由は何だと思う？」

そう問われ、私の脳裏にはすぐ何人かの顔が思い浮かんだ。「みんな、自己中心的だからよ。自分の利益ばっかり考えて、それが私にどういう影響を及ぼすか考えていないわね」

父が黙って聞いているのを見て、私は「で、三つ目の障害は何なの？　教えてよ」と答えを急かした。

「人は、問題を相手のせいにしたがる……。それが三つ目の障害だ」微笑みながら、父は「エフラット、いままさに、おまえがしたことだよ」と付け足した。

父の言葉に、私は反論せずにいられなかった。「別に人を責めているわけじゃないわ。事実を言っているだけよ。でも、どうして人を責めることが障害になるの？」

「人を責めてみても、問題の解決にはならない……」

そう父が言いかけたところで、私は言葉をはさんだ。「でも、ソリューションを見つけるヒントにはなるわ」

「それこそが問題なんだよ。人を責めると、間違った方向に行ってしまう。正しい方向からどんどん遠ざかってしまって、よいソリューションなんか見つからなくなってしまう。もし相手を排除することができたとしても、ほとんどの場合、本当の問題は残ったままになる」

『ザ・チョイス』94〜95ページ

■　■　■

問題が発生すると相手のせいにしたがる、これは一般人にとっては極めて普通の反応だろう。問題の責任を相手に押し付けることで、問題解決を図ろうとするのは決して珍しいことではない。しかし、ゴールドラット博士に言わせれば、これはまったく問題の解決にはつながっていないのだ。それどころか、本来の問題から目を背け、間違った方向に導きかねない。そんな行動を博士は強く戒めている。

49

まず、してはいけないことだが、『妥協』は禁物だ

『ザ・チョイス』244ページ

まず、してはいけないことだが、『妥協』は禁物だ。残念なことに、人は強い抵抗に遭うと、前に進むことをやめて自らを麻痺状態に置いてしまうことがある。そういう場合、人は自然と妥協をしたがる。だが、これは大きな間違いだ。抵抗に遭った場合、本来は、相手にいかに自分の考えを伝えたらいいのか、周到に考えて行動すべきなのだが、しかし人には、妥協に逃げたがる強い傾向がある。

『ザ・チョイス』244ページ

■ ■ ■

生前、博士はよく「自然界に矛盾はない」という言葉を口にしていた。確かにそのとおりである。自然界はすべての要素、現象が相互に関係し合って成り立っている。そこには、何ひとつ対立も矛盾もないのである。もしあるように見えているのであれば、そ

れは我々の認識の問題であると考える。そうしたアプローチが当たり前である科学者にとって、妥協などはあってはならないことなのだ。

50

一、人は善良である。二、対立はすべて取り除くことができる。三、どんなに複雑に見える状況も、実は極めてシンプルである。四、どんな状況でも著しく改善することができる。限界なんてない。五、どんな人でも充実した人生を達成することができる。六、常にウィンーウィンのソリューションがある

『ザ・チョイス』256ページ

「（略）父さん、人生に対する考え方は私もいろいろ見てきたけど、父さんのアプローチほど、楽観的なのは見たことも、聞いたこともないわ」

「楽観的だって？　おいおい、私ほど被害妄想的な人間はいないと思っているんだがね。何ごとも運任せになんか、絶対にしないし、安全策の上に、また安全策を講じる。それを楽観的だというのかい？　どうして、そんなふうになるのかな」

私は微笑みながら、指を折って数えはじめた。「一、人は善良である。二、対立はすべて取り除くことができる。三、どんなに複雑に見える状況も、実は極めてシンプルである。四、どんな状況でも著しく改善することができる。限界なんてない。五、どんな人でも充実した人生を達成することができる。六、常にウィン－ウィンのソリューションがある。もっと続けてほしい？」

父が笑った。「エフラット、経験豊富な楽観主義者のことをなんて言うか、知っているかな」

「悲観主義者？」

「そういうのもあるかもしれないが、『実践的先見者』って言うんだよ。自分が将来どうなるか、それは自分自身の選択次第なんだ。いいかい、エフラット。楽観的というのと、安易であるというのとは違う。混同してはいけない。それからいま、おまえが数えてくれたいくつかのポイントだが、裏返してみれば、それは、他人に責任を押しつけたり、環境のせいにしてはいけないということだ。あるいは、自分のコントロールの及ぶ範囲じゃないとか、自分の能力を超えているなどと言ってはダメだ。自分自身の人生なんだから、自分ですべて責任を持たなければいけない。そうすることで、充実した有意義な人生を送ることができるようになるんだ。（略）」

『ザ・チョイス』255～257ページ

■　■　■

ゴールドラット博士にとって、一連の著作は単なるビジネス理論の開発、解説を目的としたものではない。博士にとってすべては、ある意味、人生哲学の表現なのだ。博士の著作の中で最も有名なのは、やはり『ザ・ゴール』だろう。異論を唱える人は誰もいないだろう。しかし博士は生前から、自身の著作の中で後世にわたっていちばん長く読み続けてもらいたいのは『ザ・チョイス』であると語っていた。確かに『ザ・ゴール』と比べると、『ザ・チョイス』は即効的な効果がすぐに実感できる本ではないかもしれない。しかし博士が本当に伝えたかったのは、どのように自分が考え、どのように生きてきたのかということなのだろう。その考え方、生き方自体が『ザ・ゴール』から始まった一連の著作の原動力になったということを、あらためて知ってもらいたかったのだ。博士の功績を締めくくる意味では、『ザ・チョイス』は、彼の生きざまを身近に感じることのできるすばらしい作品だ。これから何度も読み返していきたいと思う。

解説

月曜日を楽しみな会社にするために

日本をこよなく愛していたゴールドラット博士が、最も愛した言葉――それは「WA（和）」であった。

「私たちも、日本人のようでなければならない」「日本人はおそらく他の惑星からやってきたに違いない」と晩年、世界中で「和」の大切さを説いていた博士は「世界の他の国々が日本からもっと学ぶべきだ。地球に日本があってよかった」と語ることさえあった。

しかし、同時に「和」を重視する日本の文化は、大きな弱みになり得るとも考えていた。また、日本企業がますます欧米の経営手法、カルチャーに染まっていくことに対して大きな危惧を抱いていたのだった。

本書は、Part1の言行編とPart2の論文・著作編の二部構成となっている。ゴールドラット博士のインタビュー、側近に語られた教え、論文、そして、『ザ・ゴール』をはじめとする著作のハイライトから、ものごとの本質を鋭く衝く「至言」の数々を一冊にまとめたものである。そこから、日本企業が捨ててしまいつつある大切なものが浮かび上がってくる。我々日本人に託したゴールドラット博士からの遺言とも言えるものである。

第1章「なぜ、私は『ザ・ゴール』の邦訳を許可しなかったのか」は、『ザ・ゴール』が日本で出版された二〇〇一年にオランダ・アムステルダムのオフィスで行なわれたインタビュー記事である。一七年もの間、世界中で日本にだけ翻訳を許さなかった本当の理由が明かされている。さらに、自然科学と社会科学のアプローチの違いから、TOCの生い立ちが語られ、自信を喪失している日本企業に対して、JITやTQMなど、現在持っている土台を活かし、成果をより迅速に手にすることが可能であることが語られている。

第2章「効率を正しく追求すれば、むしろリストラの必要はなくなる」は、『ザ・ゴール』が日本でベストセラーとなった二〇〇一年の秋、来日した際に行なわれたインタビュー記事である。TOCが単に生産効率化の理論でないことを明らかにする中で、博士がどうしてリストラを憎むようになったか、その理由が語られる。時には感情的になるゴールドラット博士が垣間見えてくる貴重なインタビュー記事だ。

第3章「繁栄し続ける企業には『調和』がある」は、二〇〇八年六月に『ザ・チョイス』

の出版に先駆けて行なわれたインタビュー記事である。日本の企業が大切なものを捨てていることに警鐘を鳴らし、「和」という概念は、繁栄し続ける企業には欠かせないもので、むしろ西欧のマネジメントが日本から学ぶべきであると主張する。さらに、ＴＯＣを企業などの組織だけでなく、一人ひとりが自分の人生を充実させるために、どういう心構えで活用すればよいかを説いている。

第4章「適者生存」は、二〇〇九年「一〇〇年に一度の未曾有の危機」と騒がれたリーマンショックのさなかに行なわれたインタビュー記事である。リーマンショックの過度な需要の落ち込みに対する冷静な洞察を語るとともに、この危機をチャンスに変えるアイデアを示している。それは、トヨタ生産方式（ＴＰＳ）の生みの親、大野耐一氏が起こしたブレークスルーの本質を深く理解し、大野氏がいまも生きていたらどんなＴＰＳ進化版を構想したかを考えることで明らかになると語る。

第5章「直伝　ゴールドラット博士の20の教え」は、ゴールドラット博士が自らに言い聞かせるように、側近に繰り返し語っていた二〇の言葉について解説したものである。これらは、博士の口ぐせのようなものであるが、一見、精神論のように思える言葉の一つひとつに科学者としての揺るぎない信念があることが明らかになる。これらの二〇の教えは、科学者としては常識とも言える姿勢ではあるが、人や組織が絡むマネジメント変革の実践に活用することで、目覚ましい成果がもたらされるだけでなく、人としての成長にも結びついていくことが示される。ちなみに、これらの言葉は、イスラエルにあるＴＯＣの知識体系の総本山・ゴールドラットハウスでは、フォーチュンクッキーの中のメッセージに入れられ、世界中から訪問したゲストに配られているものである。

第6章「ＴＯＣとは何か――ゴールドラット博士のＴＯＣ概論」では、ゴールドラット博士自らがＴＯＣの進化の軌跡をたどっている。ＴＯＣの進化の歴史を理解するうえで、貴重な論文であるのはもちろんだが、それ以上に注目してほしいのは、そのプロセスである。新しい手法が見つかり、ブレークスルーを起こすたびに、次の未開拓の分野が拓かれる。そこに果敢に挑み、さまざまな領域で次々とブレークスルーを起こし続けた博士のタフな科学者としての姿勢を垣間見ていただきたい。

第7章「巨人の肩の上に立って」は、ゴールドラット博士が敬愛してやまない大野耐一氏が編み出したトヨタ生産方式の本質について解き明かした論文で、博士の生涯で、最も重要な論文である。大野氏の軌跡をたどることで「フローの四つの概念」として本質をつまびらかにし、どうやって博士が「ドラム・バッファ・ロープ」という汎用的な生産手法に発展させていったかを明らかにしている。先達に対して本当に敬意を示すということは、先達の行なった本質を明らかにし、その巨人の肩の上に立って、さらに新しい領域を拓くことであるという、科学者としての博士の主張が強く打ち出されている。この論文は、ロジックと一つの実験結果という構成で成り立っており、自然科学と同様の論文の形式をとっていることにも注目してほしい。社会科学における論文のあり方にゴールドラット博士が一石を投じたものでもある。やや難しいところもあるが、精読する価値のあるものだ。

第8章「フォードに学び、フォードを超えた男――大野耐一の挑戦」は、『DIAMONDハーバード・ビジネス・レビュー』二〇一〇年一月号「大野耐一論　ものづくりの原点」の特集に寄せた論考である。大野耐一氏のことをマイ・ヒーローと呼び、その偉業はもっと評価されるべきであると世界中で語り、敬愛してやまない。その理由が、大野氏が途方もない障害を次々に乗り越えて行った道のりをたどることで明らかになる。ゴールドラット博士は、大野氏の強い意志とスタミナに称賛を惜しまない。「大野さんがトヨタ生産方式を発明しなかったなら、TOCが生まれることはなかった」と公言する理由もここで明らかにされる。

第9章「『ザ・ゴール』シリーズ翻訳者が厳選　あなたの常識が覆る50の『至言』」は、ゴールドラット博士のベストセラーの数々を翻訳した三本木亮氏が厳選した、いわばベストの中のベストである。この五〇の至言をたどることで、ゴールドラット博士の著作の流れを振り返ることができ、一つひとつの作品を読むこととはまた違ったかたちで、博士の思考の潮流をとらえることができる。なぜ、ストーリー形式で本を書くのかという質問に、博士は「教科書が大嫌いなんだ。読んでいると眠たくなる。だから物語にした」と語っていた。一つひとつの文章を改めて読んでみると、すでに何度も読んだ物語にもかかわらず新しい気づきも得られる。「私の本は、玉ねぎのように何枚もの層が積み重なってできている。自分の成長に応じて、異なる発見があるように書いてある」と博士は語っていた。物語の中に託されたメッセージもきっと再発見できるだろう。

本書にまとめられたゴールドラット博士の思索の進化をたどると、問題や障害を見つけるたびに、次なる飛躍の機会とした博士の科学者としてのブレない一貫した姿勢に気がつく。日本に対する強い敬意とともに、大切な「和」を失いつつある日本に警鐘を鳴らし続けたゴールドラット博士。日本をこよなく愛していた博士は、「飛躍的成長は可能。日本はそれを目指すべきである」と強く主張していた。

博士が亡くなる二か月前、米国ボルチモアで行なわれた最後の講演の締めくくりに「月曜日に来るのが楽しみな会社にしよう！」と聴衆に語りかけた。「会社をつくったのは、四半期ごとの成績のためじゃないはず。会社に誇りを持ち、社員に誇りを持つ、本当に誇りに思える会社をつくろうとしたはずなのだ。組織は、人でできている。だからこそ、みんなのモチベーションやコラボレーションが大切なのだ。長期的に繁栄し続けるためには、欠かせない。私の提案していることは、すべて常識的なことばかりだ。実践をためらう理由はどこにもない」というのが、博士の主張であった。

本書が、日本の読者の方々にとって、月曜日が楽しみになるための一助になれば、博士もきっと喜ぶに違いない。

二〇一三年一月

ゴールドラット・コンサルティング・ジャパン　CEO
岸良裕司